JN076859

人類を元に戻して救う
【2つの発明品】完全マニュアル

佐々木耕司

ベンチャー創業者／
株式会社セルパワー代表取締役

政木和三（1916-2002）博士

大阪大学にて工学部の全学科（電気通信工学、航空工学、土木工学、建築、造船工学、精密工学）を学んだ後、助教授のポストを用意されるも、それを断り医学部で７年ほど神経のエレクトロニクス的研究を行った。最後に工学部で力学の研究を行った後、同大学の工学部工作センター長を定年まで務めた。その後、林原生物化学研究所に籍を置きながら、数々の発明を行う。

世の中の暮らしを変えた発明（電気炊飯器、瞬間湯沸かし器、エレキギター、自動ドア等）は3000件以上にもおよぶが、人々が幸福で豊かになるためにと、特許を受けとらなかった。

その博士自ら「人類を救う装置」と述べていたのが、「神経波磁力線発生器」と「パラメモリー」の２つだった。

好評でロングセラーを続けるも、法律の壁に阻まれ一度は市場から消えたが、著者の佐々木氏によりリニューアルして蘇(よみがえ)ったのだ。

人類を救う装置 ①

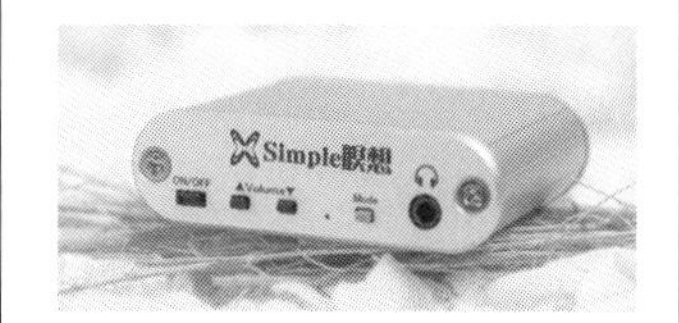

シンプル瞑想

パラメモリー

生体微弱エネルギー測定表

お名前 佐々木耕司
年齢　　歳

測定日
初回 3年 11月 9日
2回目 年 月 日
3回目 年 月 日

測定値目安

測定値		エネルギーバランス	
0～4	・・・	✕	注意
5～10	・・・	△	不安定
11～16	・・・	○	安定
17～20	・・・	◎	良好

項目	測定値 ①	②	③
第1チャクラ	59		
第2チャクラ	37		
第3チャクラ	30		
第4チャクラ	30		
第5チャクラ	26		
第6チャクラ	50		
第7チャクラ	50		

項目	測定値 ①	②	③
エーテル体	39		
アストラル体	43		
メンタル体	36		
コーザル体	43		
魂(レベル)	25		
宇宙貢献度	43		
幸福度	16		
パワーアップ(免疫力)	21		

基本波動測定料 約15分 3,000円　　覚醒を促す波動測定士 岡本 忠典
※ 他の項目を測定希望の場合別途料金をいただいております　　090-5669-1492

●「シンプル瞑想」（かつての「パラメモリー」）は、出力される音を10分聞くだけで、1時間瞑想したのと同じ状態に近づく機器である。

左右の耳から周波数が違う音を取り入れて脳内で「うなり音」を合成すると、その周波数差と同じ脳波（α波～θ波）が優勢になる。リラックスした集中状態は、やがてAwake（目覚め、気付き、覚醒）と呼ぶべき、奇跡の引き寄せ体験が起きるという。

右耳から聞いた音は「左脳に60%，右脳に40%」伝わり、左耳から聞いた音は「右脳に60%，左脳に40%」伝わる。そのため、右脳と左脳が同時に働き、両耳から聞いた音の周波数差を左右の脳はビート音と感じるようになり、右脳と左脳のバランスがとれる仕組みだ。

●発明者の政木和三博士は、この原理を第二次大戦中に思いついたが製品化はしていなかった。月日は流れ、今から30年ほど前に、向こうの世界から「人類を救う装置はどうなったのか？」と啓示を受けて、世に出したという。

●旧製品時代から長年、愛用し続けてきた著者が「チャクラ」（体のエネルギーポイント）を測定してもらうと、第6・第7チャクラが最高の値を示したという。佐々木氏を救った不思議なエピソードは本文参照。

●「シンプル瞑想は、バイノーラル・ビートにより右脳と左脳をバランスさせ、視床下部（ししょうかぶ）（自律神経。中枢の部位と本能を司る大事な器官）を元気にする優れた機器だと理解しています。聞くだけで集中できるので、勉強する際にもおすすめです」（篠浦伸禎・脳神経外科医）

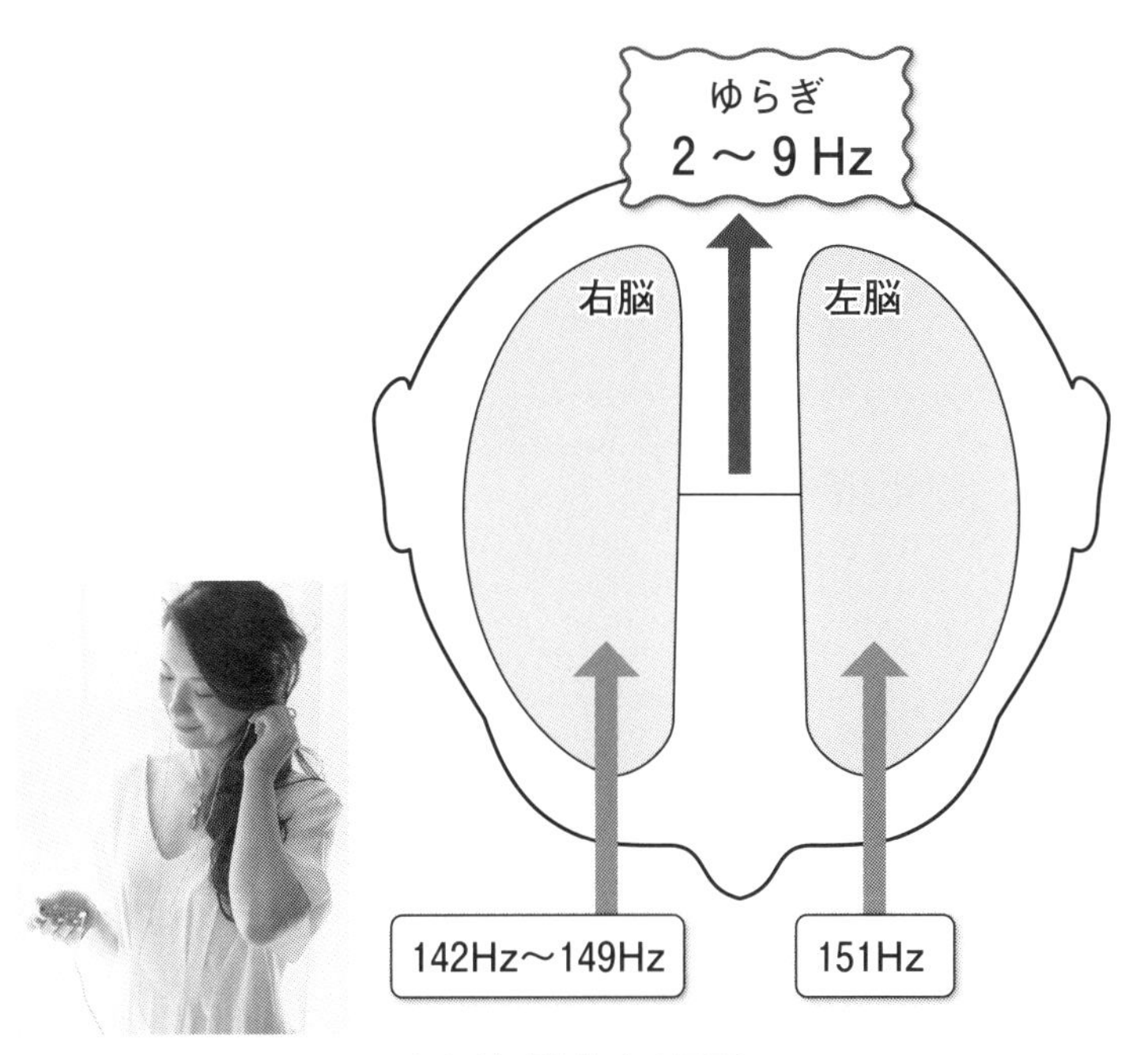

ゆらぎが発生する原理

脳波の名称	周波数	状　態
γ（ガンマ）波	30Hz以上	興奮しているときにあらわれます。
β（ベータ）波	14〜30Hz	緊張、不安、イライラしているときにあらわれます。
α（アルファ）波	8〜13Hz	落ちついた、リラックスしたときにあらわれます。
Θ（シータ）波	4〜7Hz	深いリラックス、浅い睡眠状態のときにあらわれます。
δ（デルタ）波	1〜3Hz	熟眠、深い睡眠状態のときにあらわれます。

脳波の周波数とその状態について

人類を救う装置 ②

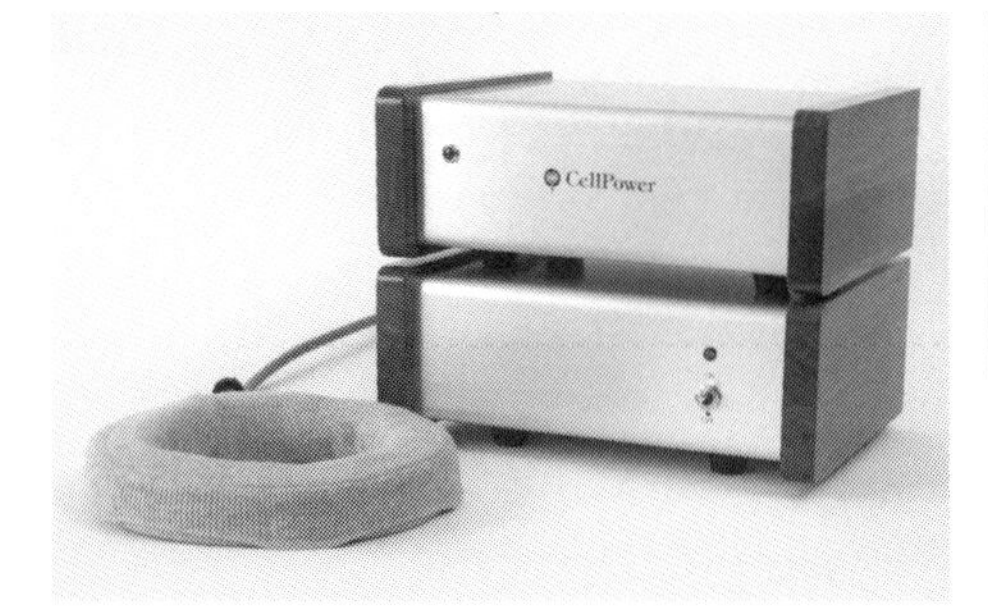

セルパワー

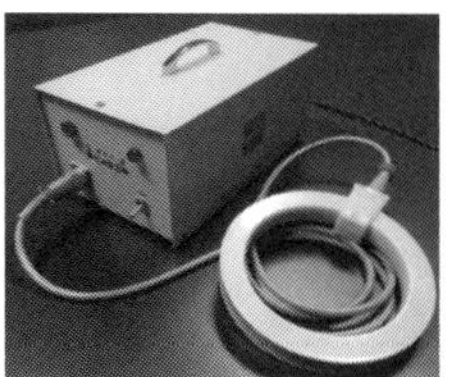

神経波磁力線発生器

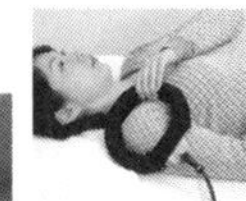

使用例

●体の中の電気信号（活動電位）と同調した800ガウスのパルス磁気が発生する「セルパワー」も、政木和三博士の発明品である。当初は「神経波磁力線発生器」と呼ばれていた。
体中の活動電位の波形と同調しているため、ピリピリとした刺激はなく長時間当てることができる。この磁力により、健康を維持する力が高まると考えられる。

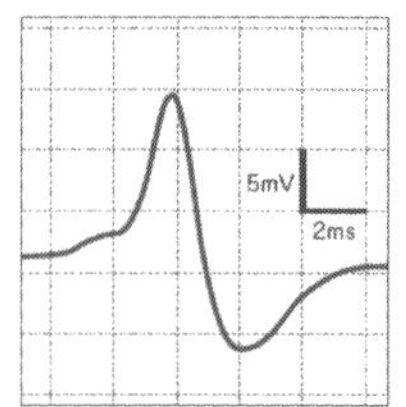

体の中の電気信号の波形
（ヒトの腰骨神経伝導波形）

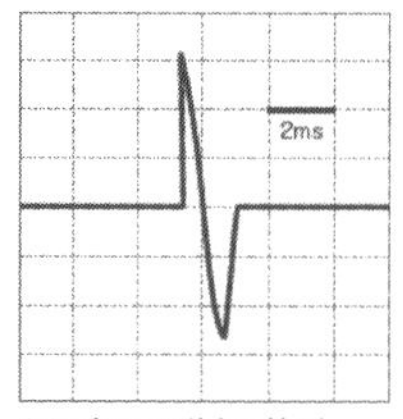

セルパワーの磁力の波形

●通常、水（H_2O）の分子構造のH-O-Hの電位角は104.5度で安定している。そこに瞬間的に強力なパルス性磁力を1000分の１秒単位で加わるとその角度が変化し、水分子がマイナスに帯電する。マイナスイオンの状態になった水分子によって、酸素や栄養分が細胞内に届きやすくなると政木博士は考えた。
「いのちが喜ぶ」装置だとも、政木博士は述べている。

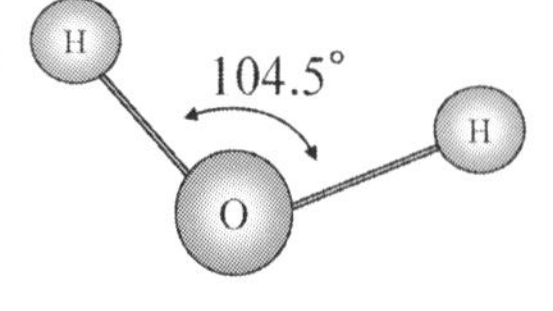

●30年前、政木博士は１～10Hzのゆらぎを予定していたが、当時の半導体の限界もあり、ゆらぎのヘルツ幅が３～５Hzと狭かった。2021年、改良を重ねた「セルパワー」は、デジタル制御により、政木博士が理想とした１～10Hzのゆらぎを実現しパワーアップした。

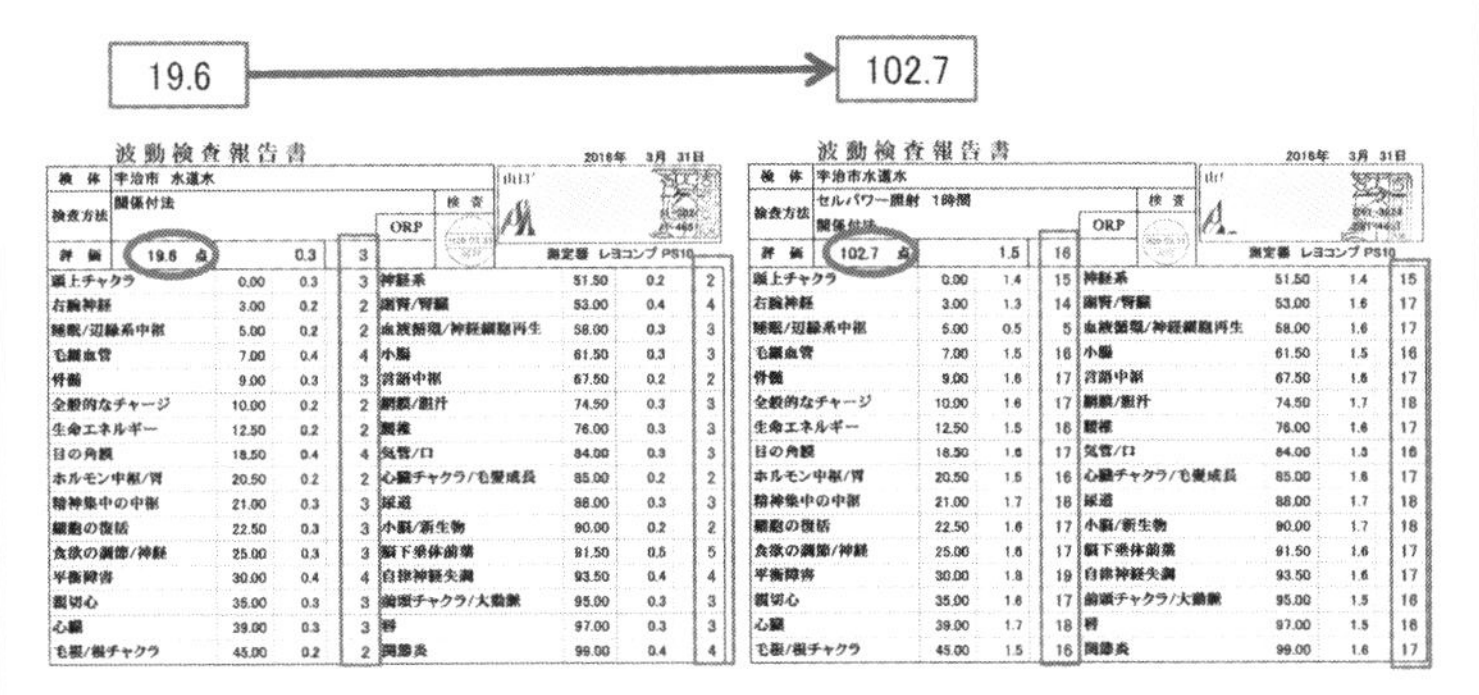

19.6	→	102.7

波動検査報告書 2016年 3月 31日

検体	宇治市 水道水		
検査方法	関係付法		
評価	19.6 点	0.3	3

ORP　測定器 レヨコンプ PS10

頭上チャクラ	0.00	0.3	3	神経系	51.50	0.2	2
右腕神経	3.00	0.2	2	副腎/腎臓	53.00	0.4	4
睡眠/辺縁系中枢	5.00	0.2	2	血液循環/神経細胞再生	58.00	0.3	3
毛細血管	7.00	0.4	4	小脳	61.50	0.3	3
骨髄	9.00	0.3	3	言語中枢	67.50	0.2	2
全般的なチャージ	10.00	0.2	2	網膜/胆汁	74.50	0.3	3
生命エネルギー	12.50	0.2	2	膵臓	76.00	0.3	3
目の角膜	18.50	0.4	4	気管/口	84.00	0.3	3
ホルモン中枢/胃	20.50	0.2	2	心臓チャクラ/毛髪成長	85.00	0.2	2
精神集中の中枢	21.00	0.3	3	尿道	88.00	0.3	3
細胞の復活	22.50	0.3	3	小腸/新生物	90.00	0.2	2
食欲の調節/神経	25.00	0.3	3	脳下垂体前葉	91.50	0.5	5
平衡障害	30.00	0.4	4	自律神経失調	93.50	0.4	4
親切心	35.00	0.3	3	前頭チャクラ/大動脈	95.00	0.3	3
心臓	39.00	0.3	3	肝	97.00	0.3	3
毛根/根チャクラ	45.00	0.2	2	関節炎	99.00	0.4	4

波動検査報告書 2016年 3月 31日

検体	宇治市水道水		
検査方法	セルパワー照射 1時間 関係付法		
評価	102.7 点	1.5	16

ORP　測定器 レヨコンプ PS10

頭上チャクラ	0.00	1.4	15	神経系	51.50	1.4	15
右腕神経	3.00	1.3	14	副腎/腎臓	53.00	1.6	17
睡眠/辺縁系中枢	5.00	0.5	5	血液循環/神経細胞再生	58.00	1.6	17
毛細血管	7.00	1.5	16	小脳	61.50	1.5	16
骨髄	9.00	1.6	17	言語中枢	67.50	1.6	17
全般的なチャージ	10.00	1.6	17	網膜/胆汁	74.50	1.7	18
生命エネルギー	12.50	1.5	16	膵臓	76.00	1.6	17
目の角膜	18.50	1.6	17	気管/口	84.00	1.5	16
ホルモン中枢/胃	20.50	1.5	16	心臓チャクラ/毛髪成長	85.00	1.6	17
精神集中の中枢	21.00	1.7	18	尿道	88.00	1.7	18
細胞の復活	22.50	1.6	17	小腸/新生物	90.00	1.7	18
食欲の調節/神経	25.00	1.6	17	脳下垂体前葉	91.50	1.6	17
平衡障害	30.00	1.8	19	自律神経失調	93.50	1.6	17
親切心	35.00	1.6	17	前頭チャクラ/大動脈	95.00	1.5	16
心臓	39.00	1.7	18	肝	97.00	1.5	16
毛根/根チャクラ	45.00	1.5	16	関節炎	99.00	1.6	17

セルパワーを照射すると、60分で水の波動（微細なエネルギー）値が理想的な水に変化した。

セルパワーの理化学検査　　測定:㈱サンテ・テクニカ

2020年12月3日　　1回のみの実験

	pH[*1]		酸化還元電位 ORP＊2	備考
照射前	7		430	５００ｍｌのビーカーへ都内(弊社)の水道水３００ｍｌを入れて測定
照射 30分後	7		341	
照射 60分後	7		334	
照射 ９０分後	7		332	
照射 120分後	7		323	
平均±SD	7±0		332.5±7.4	

＊1　US ONE UNIVERSAL pH試験紙

＊2　LTORON YK－２３RP　AH.91701MADE IN TAIWAN

セルパワーを照射すると、酸化還元電位も変化する。都内の水道水を500mℓのビーカーへ入れたものに、セルパワーを照射。30分、60分、90分、120分後における測定結果。照射前は430だった酸化還元電位の数値が323まで変化した。

年齢・性別	40代・女性 M.Y.さん		50代・女性 Y.T.さん		20代・女性 E.Y.さん		30代・男性 A.U.さん	
セルパワーを使用した部位	使用前	首に使用後	使用前	後頭部に使用後	使用前	下腹部と両手指に使用後	使用前	足裏と下腹部に使用後
免疫	16	19	16	19	18	19	16	20
胃	7	17	10	18	12	19	10	19
小腸	7	17	10	18	12	19	10	19
大腸	7	17	10	18	12	19	10	19
心臓	7	17	10	18	12	19	10	19
肝臓	7	17	10	18	12	19	10	19
膵臓	6	17	10	18	12	19	10	19
腎臓	7	17	10	18	12	19	10	19
肺	6	16	10	18	12	19	9	19
自律神経	7	17	10	18	12	19	9	19
癌(免疫B)	19	20	20	20	20	20	19	20
ストレス	6	15	10	18	13	19	10	18
膝関節	7	15	10	18	10	19	7	15
腰椎	5	15	10	18	10	19	7	15
視床下部	10	18	10	18	13	19	10	19
右脳	15	19	15	18	18	19	16	19
左脳	14	17	15	18	14	19	16	19

数値がアップ

セルパワーを30分間当てると、波動数値が向上。波動測定はドイツやロシアで研究されているもので、「人間の生命エネルギー（気）の振動には、体の各器官に固有の周波数があり、その微弱電流の抵抗値を測ることで各部位の気の滞りが測定できる」考え方。波動数値は個人差があり、参考データとしてご覧ください。

Awake!

I 人類のために特許を無償公開した発明家、政木和三

Awake! Ⅱ

前世の記憶がよみがえる「パラメモリー」（シンプル瞑想）

Awake!
Ⅲ

細胞がよろこぶ「神経波磁力線発生器」（セルパワー）

Awake!
Ⅳ

他人を幸せにする仕組みを増やす

Awake!
Ⅴ

巻末資料

*「セルパワー」と「シンプル瞑想」は健康機器であり、医療機器ではございません。特定の病気の治療を目的にしたものではありません。

カバーデザイン　櫻井浩（⑥Design）
校正　広瀬泉
編集協力　宮田速記
本文仮名書体　文麗仮名（キャップス）

Awake! I

人類のために特許を無償公開した発明家、政木和三

α（アルファ）波、θ（シータ）波の脳波になると、魂の記憶がよみがえる

私が現在、政木和三（まさきかずみ）先生の発明品「神経波磁力線発生器」と「パラメモリー」をリニューアルして復刻した「セルパワー」と「シンプル（Simple）瞑想（めいそう）」の普及に取り組んでいるのは、その2つが「人類を救う装置」だからです。

私は「アガスティアの葉」（過去、未来を含めたこの世のすべての人の運命が書き記してあるとされているインドの写本）を読んでもらったことがあります。

それによると、私の前世の前世はインドのお医者さんでした。ところが、敵の兵士が患者として運ばれてきたときに、薬だと偽って毒を飲ませて殺したというカルマ（業）がありました。そのことを前世で心底悔やみ、その後は貧しい人々の病気をタダで治したり薬をあげたりしたので今世のあなたがある、と言われたのです。

それを聞いて、私が本当にバカ正直で、ウソをつくのが嫌いなことが納得できました。

人類を救う2つの装置のうち、1つは「シンプル瞑想」で、小さな装置にイヤホンをつけて聞きます。これを聞くと心が穏やかになり、脳波のα（アルファ）波とθ（シータ）波が優位になります。政木和三先生によれば、これを聞くと、前世の記憶を明確に思い出すことができるのです。

政木先生が商品化されたときは、「パラメモリー」や「アルファシータ」の名前で流通しておりました。また「セルパワー」のほうは、「神経波磁力線発生器」という商品でした。

政木先生が講演されていた約30年前は、まだカセットテープの時代でした。ふだん生活していると、脳波はβ（ベータ）波、ひどい人だとγ（ガンマ）波が出ていて、そんな乱れた脳波では前世の記憶を思い出しようがありません。カセットテープは繰り返し録音したり消去したりできますが、完全に消去したはずのテープを大音量にして聞くと、前に録音したものがかすかに残っています。

それと同じことが、「シンプル瞑想」を聞くことで起こるのです。脳波が瞑想状態のα波、θ波の状態になると、かすかに残っている魂の記憶がよみがえってきます。前世の記憶を思い出すと、生まれ変わりがあって生命体が延々と続いていることが理解できるのです。それが、「人類を救う装置」と言われるゆえんです。

現在の文明状態では7億人しか生き残れない

政木先生の著書『この世に不可能はない』（1997年、サンマーク出版）によると、今回の文明は5回目で、11万年前、18万年前、25万年前、35万年前にも同じような文明があったそうです（巻末資料1参照）。現在の人類は、もっと英知を結集すれば環境と共存できる文明はつくれるはずなのですが、このままでは、残念ながら22

0年後にはさらに環境破壊が進んで、人類は今の10分の1しか住めない時代になってしまうといいます。

２２０年後には、10分の1の人しか住めない環境になるということは、今いる70億の地球人口のうち、７億人だけがもう1回人間に生まれ変わるということになります。

残りの63億人は人間には生まれ変われなくて、動物や植物や虫に生まれたり、微生物や岩になります。１万５０００年後に環境が元に戻っても、文明が栄えるのは10万年後です。「シンプル瞑想」で心を穏やかにすると、そういう生まれ変わり、輪廻転生があることを理解できるようになります。いろいろと過去世を思い出すことが必要なのです。

サムハラ神社のご神託「魂の深いところまで目覚める」

1年前、たまたまご縁があって、サムハラ神社でご神託を伝える、Rさんという方がうちの会社のオフィスに2人で来られました。「セルパワー」、「シンプル瞑想」の説明が一通り終わると、私に「お伝えしたいことがある」と言われて、意図せずにリーディングが始まりました。

東日本大震災の年に「セルパワー」を復活させてから10年たって、いろいろな壁が出てきて大変なときでした。普通、ご神託は言葉で降りてくるのですが、そのときは言葉ではなく、「とにかく向こうの世界からすごい数の方が応援してくれて、光のシャワーになっている映像が見えます。だから大丈夫です」と言われたのです。つまり、これを普及させることは大事なことで、見えない多くの方々が応援してくれているのかなと、非常に安心しました。

終わりかけに、「何か枠にはめていることはありませんか」と聞かれました。

実は1000万台普及させたいと思っているのに、まだ4000台余りしか普及させていないので、1万台いくまでお酒をやめようと願掛けをしていたのですが、「そんな必要はないですよ」と教えていただいて、安心してお酒が飲めるようになりました。

次に、チャクラをリーディングする方に見てもらうと、「大丈夫です。あなたのグッズ（「セルパワー」「シンプル瞑想」）はすごいもので、肉体レベルから精神（メンタル）、魂（ソウル）までを整え、深いところで、本当の意味でなぜ目覚めが起きるのかというところにも影響を与えるものです。例えて言うなら、ぐちゃぐちゃになった爪ようじを下から振動させると整うのと同じで、磁力で細胞が整っていく機器です。

そして、あなたの意図も大事です。細胞が目覚めて、3次元から5次元に行くのを手伝う機器です。だけど、あなたはまだ本当の力の3割もわかっていません。これからいろいろな人と出会って、ヒントをいただきながら、性能が上がったり、新しい使い方がわかっていきます」ということを伝えていただきました。

特許を無償公開していた発明家、政木和三

発明者の政木和三先生（1916〜2002年）は、元大阪大学工学部工作センター長で、醸造工学から建築まで工学部の全学科と、医学も勉強されました。電気炊飯器、瞬間湯沸かし器、自動ドア、CTスキャン、歯科用ドリル、拡声器、魚群探知機、エレキギター、ウソ発見器など、生涯に3000件以上の発明をしながら、特許料を受け取りませんでした。

政木先生の言葉をかりると、発明するのではなく、昔の文明の時代に自分がつくったものを一瞬で思い出すだけなので、特許料は必要ないとのことで、無償で公開して

いました。

でも、特許を出さないと、ほかの人が取ってしまうので、特許が成立したら取り下げるという手続をしていました。日本の電機メーカーは、政木先生が特許を出したのを確認したら、つくる準備をして、特許を取り下げたところで製品として売り出します。そうすると、みんなが使える技術になります。それで日本の電機メーカーは発展したのです。阪大を退官されるときに電機の五大メーカーの方が政木先生のところに挨拶に行って、もし特許料を取っていたら数千億円になっていたと言われました。

実は、私のひいおじいさんも発明家で、今でも電線で使われているケーブルハンガーを発明しました。昔、京都駅の南に佐々木製作所というのがあって、それをつくって商売にしていました。発明したものを商売にするのは当たり前です。それを無償で公開するとはすごい先生だなと思って興味を持ち、私が政木先生の講演に足しげく通っていたのが約30年前のことです。

感謝しきれない政木先生の恩

講演会では発明のすごい話が聞けるのかなと思ったら、生命体は生まれ変わっているという話ばかりで、最初はちょっと面食らいました。そのころの私は、生まれ変わりの話はお化けの世界と一緒だと思っていたのですが、こんなにすごい先生が言うのだから、事実か、とんでもない勘違いをしているかどっちかだという仮説を立てて、それを確かめるために講演を毎回聞きに行って、だんだんと理解していきました。

政木先生が京都のセンチュリーホテルで講演会をされたとき、なぜか私が司会を仰せつかったのです。政木先生を尊敬してはいましたが、そのころは特別に感謝の念は抱いていなかったのに、最後の花束贈呈のコーナーでは、「日ごろの政木先生のご恩に感謝して花束贈呈です」と言っていたのです。それから30年近くたって「セルパワー」を広げることになり、今は本当に感謝しています。

　3000件とも言われる政木先生の発明の中で、「人類を救う装置」と言われていたのが、「神経波磁力線発生器」と「パラメモリー」でした。どちらも世の中から消えてしまっていたので、「神経波磁力線発生器」を「セルパワー」、「パラメモリー」を「シンプル瞑想」として復活させました。

Awake! II

前世の記憶がよみがえる
「パラメモリー」（シンプル瞑想）

人類を救う装置その1 「パラメモリー」で脳波を最適に

「パラメモリー」は、左右の耳から周波数の若干違う音を聞くことで、右脳と左脳のバランスがとれて、脳波のα（アルファ）波、θ（シータ）波が優位になるという装置です。実際に10分ぐらい聞いて脳波を測定すると、α波、θ波がちゃんと優位になっています。

政木先生は、第2次大戦中に「パラメモリー」を思いつきましたが、製品化はしていませんでした。これは政木先生自身が、精神世界の存在を理解した後の話ですが、平成2年ごろ、向こうの世界から「人類を救う装置はどうなったのか」というメッセージが来て、「パラメモリー」として製品化したという経緯があります。

私は30歳のころに政木先生の講演を聞きに行って「パラメモリー」を購入して、それ以来、「パラメモリー」とその後継品「シンプル瞑想」を29年ほど愛用しています。

過去を振り返ってみると、私自身が「パラメモリー」に救われたというか、不思議な体験がいろいろありました。知らず知らずのうちに脳波がα波、θ波になって、Awake（アウェイク）（目覚め、気づき、覚醒、引き寄せ）が起こるのです。政木先生は、脳波がθ波になると、スプーンが曲がるほどの超能力が発揮できると言われていました。

「パラメモリー」エピソード①――必要なお金が必要なところに

私自身が、「パラメモリー」を聞いていたことで、奇跡的にうまくいったエピソードがいろいろありました。５００万円の手形が不渡りになる状況を、なんと決済日の当日に解決できたのです。

当時、頑張っていろいろ手を尽くしたのですが、手形が不渡りになる前日まで、その５００万円の手配ができませんでした。

実は、株式会社セルパワーの前にジェイデータというITの会社をやっていました。1996（平成8）年、Windows95が出た翌年です。Windows95が出たころからインターネットが徐々に普及し始めて、初めてホワイトハウスのホームページでヒラリー・クリントンが動画でしゃべり出したのを見て、これは世の中が変わる仕組みだと思いました。

そこで、インターネットを誰でも使えるように、『ホームページガイド』（1999年8月、ゴマブックス）という、今で言うコンテンツを紹介する本をつくりました。

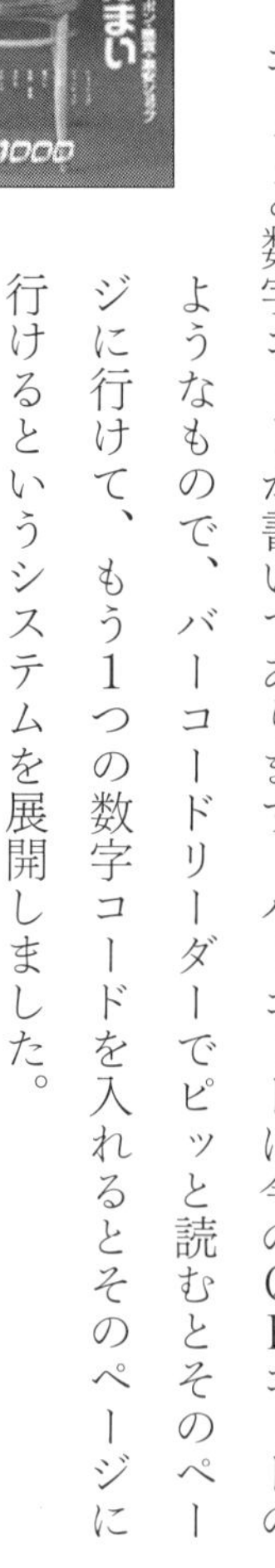

そこにはバーコードと数字コードが書いてあります。バーコードは今のQRコードのようなもので、バーコードリーダーでピッと読むとそのページに行けて、もう1つの数字コードを入れるとそのページに行けるというシステムを展開しました。

本を出すには印刷費がかかります。その印刷費の支払いを手形でしていたのです。インターネットは今では当たり前のことですが、その当時はインターネットの説明からしないといけない時代でした。ですから、ちょっと早過ぎたのです。

本としては印刷代を支払えるところまでは売れないので、出すたびに赤字になって、500万円が準備できないという状況だったのです。ちなみに、手形が不渡りになると、銀行取引は停止で、会社は自動的に倒産します。明日、手形が落ちなかったら会社が倒産するという日には、普通の人なら心配して眠れないはずです。

でも、「パラメモリー」を聞いていると、本当に心が落ちついて、明日の朝、知り合いの社長に電話をして相談してみよう、ダメだったら仕方ない、ぐらいの軽い気持ちでいたら、ぐっすり眠れました。

翌朝、その社長にダメもとで電話をしたら、すぐにお金を振り込んでいただいて、500万円の決済ができました。「パラメモリー」を聞いたおかげで、その難局を無事に乗り切れたのです。もし、私が血相を変えて、不安な声で相談していたら、断られていたでしょう。

「パラメモリー」エピソード②——引き寄せの法則が発動

アメリカの大手企業から業務提携の提案が来ました。『ホームページガイド』に、バーコードと数字コードを掲載していたのですが、そのころｉモードが登場して、世の中がｉモードをちょっとずつ使い始めるタイミングになっていたのです。

ベリサインというアメリカのセキュリティの会社と、最近はあまり聞きませんが、ドメインを管理しているネットワークソリューションズという会社がありました。ベリサインがネットワークソリューションズを高額で買収して、アメリカの国策企業のようになっていました。

携帯電話のインターネットのドメインには数字コードを使うという概念があって、ドメインを管理するルートサーバーと同じ仕組みでそれが動いていて、ベリサインはそれをWebNum（ウェブナム）と呼んでいました。

当時、携帯電話のインターネットは日本が一番進んでいました。携帯電話を介したインターネットが普及していたのは日本と韓国だけでしたので、ベリサインとしては、まず日本と韓国にパートナー企業を見つけて展開しようと考えたのです。

日本のパートナーを探すときに、ジェイデータがやっていた数字コードで携帯電話のコンテンツに誘導する「BanGo！　アクセス」というサービスが日経産業新聞の一面に載り、その記事を見た日本のエージェントの人が連絡をしてきました。ジェイデータは社員数名の小さな会社ですから、普通なら提携先の候補に上がらないような弱小企業ですが、ちょうど2000年のITバブルの後で、白羽の矢が立ったのです。

ベリサインから提携の相談が来たので、ダメもとで1回話を聞いてみよう。アメリカからティム・グリスウォールドというベリサインのヴァイスプレジデント（常務）が来て、「あなたの会社とやりたい」と言ってくれて、結局ベリサインと提携できることになったのです。

これはまさに「パラメモリー」を聞いていたからこそ起きた引き寄せです。

「パラメモリー」エピソード③——有力政治家のバックアップ

ベリサインとゲートウェイパートナー契約をして、日本のジェイデータと韓国のある企業とでＷｅｂＮｕｍサービスをしばらく展開していたのですが、携帯電話にその機能を搭載しないと使い勝手の悪いサービスでした。ＫＤＤＩ（現ａｕ）だけは搭載してくれたのですが、ドコモやボーダフォン（現ソフトバンク）はなかなか搭載してくれませんでした。

テンキーから数字コードを入れてコンテンツにアクセスするものなので、携帯電話にその機能が入っていたらすごく便利なのですが、ＷｅｂＮｕｍボタンがないと操作が複雑になるので、使い勝手がよくないのです。

今のドメインと同じように、例えばＪＡＬだったらテンキーで５２５とか、ＪＡＬというキーが割り当ててある数字コードを企業に購入してもらうモデルだったので、ドコモが採用してＷｅｂＮｕｍボタンがあれば買いたいという企業はいっぱいあったのです。ところが、ドコモのほうでは、スタンダードになったらその機能を搭載するということで、どこまでいっても堂々めぐりになって、なかなか収益につながりませんでした。

その途中でベリサインが撤退し、ジェイデータが世界中でやってもいいという話になりました。日本だけでも苦戦しているのに、世界中でというのは荷が重い話だなと思っていたときに、２００２年、Ａ・Ｇ前アメリカ副大統領が日本に来られて、ご縁をいただきました。

Ｇさんは、今は環境問題の人ですが、その当時は、ＩＴ産業の人として、「スーパー情報ハイウェイ構想」の旗振り役でした。ベリサインに代わるパートナーを紹介してもらえないかという思いでいろいろ説明して、理解していただいたのですが、2004年の大統領選挙に出ると言われて、そのときはそれで終わりました。

その年の年末に、Gさんが2004年の大統領選挙には出ないというニュースがありました。ひょっとしたらかかわってもらえるかもしれないという思いで秘書の方に連絡したら、「Gがサポートに興味があると言っています」ということで、3月にアメリカに飛んで顧問になっていただいた、そういういきさつです。

「ジェイデータの顧問にA・Gがいます」と言っても、誰も信じてくれません。最初の契約ではNGだったプレスリリースを、日本で、日本語で1回だけならということでプレスリリースをしたときの記事が、日経産業新聞や日刊工業新聞に小さく出ました。

日経産業新聞　2001年(平成13年)3月23日(金曜日)

インターネット　eビジネ

携帯電話のネット接続
数字入力で簡単に

ジェイデータ
広告や放送に利用

2001年(平成13年)
12月11日
(火曜日)
日刊　第7882号

日経産業新聞
THE NIKKEI BUSINESS DAILY

携帯電話のサイト接続
米ベリサインとJデータが提携

日経産業新聞　2003年(平成15年)8月7日(木曜日)

京都のVB顧問に
携帯サービス普及へ助言

携帯関連業のJデータ
前米　氏を顧問に

2003年(平成15年)8月7日　木曜日　日刊工業新聞

週刊京都経済
http://www.kyoto-keizai.co.jp/

今週の1枚　強力な助っ人参上!

枕投げよりテーブルマナー

氏が顧問に就任
ジェイデータ、世界展開視野に

朝鮮学校卒業者に受験資格認定

視線

アメリカの大手企業との契約。政界の大物のバックアップなど好調に経営が進んでいたが……。

「パラメモリー」エピソード④——危機を脱するひらめきが生まれた

Ｇさんにジェイデータの顧問になっていただいて、ＷｅｂＮｕｍ事業を一生懸命やっていたのですが、ドコモのＷｅｂＮｕｍボタンが進まず、３億円もの債務超過になりました。債務超過というのは、資本金を全部使い尽くした後の借り入れのことです。

ジェイデータは顧問がＧさんですから、みんなが期待して３億円貸し付けてくれたのですが、売り上げはほぼゼロで、これ以上どこからも借り入れができない、社員に給料も払えないという状況になりました。ドコモが採用すれば売り上げが伸びるのは明らかでしたが、進みませんでした。これはもうダメだということで、社員には全員辞めてもらい、私１人だけになりました。

そのとき、新しい技術が突然ひらめいたのです。「よみ数字検索機能」（スペリング・ナンバー・サーチ・ファンクション、SNSF）といって、携帯電話の内部を検索するやり方です。例えば「松井」なら、ま行、た行、あ行で候補を絞れば、簡単に電話番号を呼び出せます。「TIM（ティム）」に電話をかける場合は、アルファベットが書いてあるのでもっと簡単です。TとIとMが割り当ててあるキー846を押せばいい。そういうやり方で、一瞬で電話帳を呼び出して電話ができます。

最初に株主の三洋電機さんに相談しました。これで特許を出したと言ったら、それはすごく便利だけど、日本では今までの使い方に慣れているから、なかなか難しいと言われました。

でも、これから普及していく海外の携帯電話に最初からその機能が入っていたら便利だということを顧問のGさんに説明したら、すぐに理解していただいて、当時世界1位のノキア、2位のモトローラ、3位のサムスンに声をかけていただいて、結果、サムスン電子と独占契約をしてソフトウェアを提供して、V字回復ができたのです。

「パラメモリー」エピソード⑤——知らない韓国語にも対応できた

「よみ数字検索機能」では、もう1つひらめきがありました。韓国のサムスン電子から、その技術をハングルにも対応させてほしいと提案されたのです。英語、フランス語、ドイツ語、アラビア語等、30の言語に対応していたのですが、ハングルには対応していませんでした。

日本語をローマ字で表記すると、母音の「あ」ならaの前には何もつきません。「か」はka、「ぱ」はpaのように、子音と母音の組み合わせになっています。

しかし、ハングルにはその例外はなく、必ず子音と母音の組み合わせです。「あいうえお」のように子音がないものは、□とか○を当てて、母音と子音の組み合わせにします。そういう文字のつくりになっているのです。

私は何回も韓国に行ってサムスンと打ち合わせをしていましたが、ハングルは読めないし、しゃべれないのに、ハングルにも対応させてくれと言われて困りました。それから必死で考えました。

それまでの韓国の人の電話のかけ方は、相手の電話番号の最後の4桁を覚えておくのです。例えばAさんの電話番号の最後が1234なら、1234と入れたら、Aさんの電話番号が出る、それがスタンダードな電話のかけ方で、ラストフォーデジットという特許があります。そのボタンもあります。

裏を返せば、それだけ便利な検索機能がないということです。そこで、サムスンの携帯電話を手に入れて、ハングルの教科書をインターネットで取り寄せて、ずっとにらめっこしていました。

すると、韓国の携帯電話は、母音が1～3、子音が4から0に割り当ててあることがわかりました。韓国の人の名前は、キム・デジュン(金大中)とか、チャン・ドンゴン(張東健)とか、大体3文字です。サムスンの携帯電話でどうやったらその文字が入力できるのかを考えていたら、ひらめいたのです。

ハングルは子音と母音の組み合わせなので、最初の子音が割り当ててあるキーを拾って押せば検索できる。パク・ウンソクさんなら708、ケイ・ヨンスクさんなら408になることを思いついて、特許出願をした上で、サムスンに行って提案しました。

技術者の人が、「じゃ、私は〇〇〇で、△△さんは□□□になるんだな、便利かもしれないな」と言ってくれて、一気に話が進みました。今は、サムスンの韓国向けの携帯電話にはこの機能が100％入っています。現在では、スマホになってその重要性は薄れましたが、よみ数字検索機能をサムスンに独占契約していただいて、V字回復につながっていきました。

「パラメモリー」をずっと聞いていたからこそ、数々のひらめき、引き寄せ、発明、解決が生まれたのです。

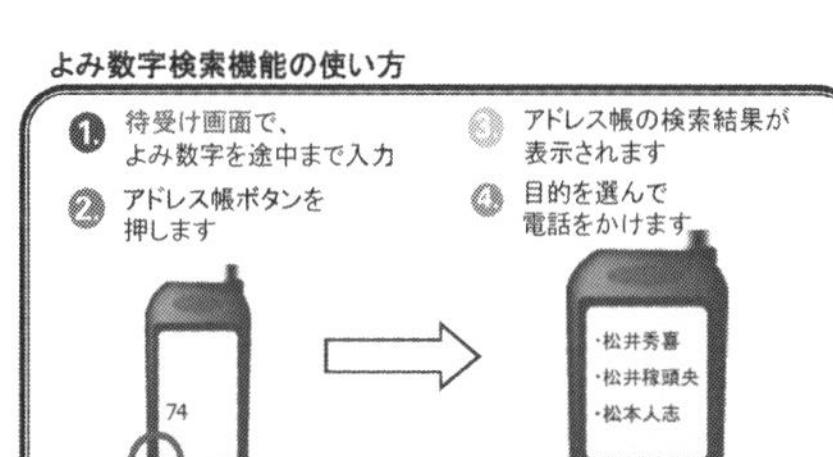

よみ数字コンセプト

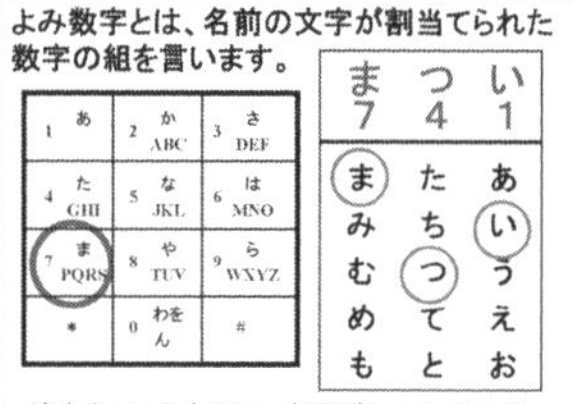

1.初声Number model

PARK WOOSUP	박우섭	7124 032 8217	708
PARK WONJOO	박원주	7124 032215 932	709
KEUM YOUNGSUK	금영석	4300 02210 8214	408
LIM JAE HONG	임재홍	0100 9121 88230	098
JAEJOON HWANG	황재준	8823120 9121 9325	899
BYEONG-CHEOL HWANG	황병철	8823120 72210 992155	879

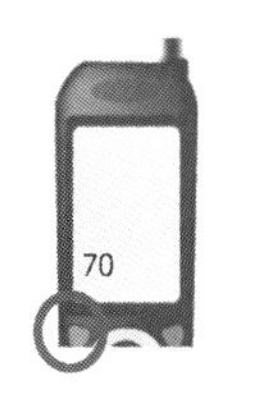

直感的な入力でアドレス帳などが呼び出せる機能を、韓国語にも対応させる技術をひらめいた。これも「パラメモリー」のおかげだった。

波動測定でも検証中

最近では、いろいろな先生に協力していただいて「セルパワー」と「シンプル瞑想」の性能を波動（微細な振動、エネルギー）の側面から検証しています。波動測定は3000項目ぐらいできて、大阪の岡本忠典先生は、宇宙貢献度とかチャクラの波動も測定してくれます。

第6チャクラは「第3の目」と言われ、第7チャクラはハイヤーセルフとつながる部分と言われていますが、私はその両方ともマックスの50でした。これも「パラメモリー」をずっと聞いているおかげです。こういう人は今までいないそうで、29年も聞くとそうなれるようです。

「セルパワー」を当てる前と後の波動測定もやっています。岡本先生によると、体の項目が変わるのが普通で、チャクラとかオーラの数値はそんなに簡単には変わらないので、チャクラとオーラの波動の数値がガンと上がっていたことは説明がつかないという話でした。前述したリーディングをしてくれた人が、「セルパワー」は生命とか魂レベルでの覚醒にもつながる器械だと言われていたので、納得しました。

リラックスした集中が一番高度な集中

今から8年前に愛用していた「パラメモリー」が壊れてしまいましたが、もう販売されていませんでした。そこで、「パラメモリー」を「シンプル瞑想」という名前で製品化し、復活させたのです。「シンプル瞑想」というネーミングは、10分間聞くだけで1時間瞑想した後の脳波と同じ状態になるので、シンプルな瞑想という意味です。

「シンプル瞑想」は、民間の機関ですが、日本ホームヘルス機器協会から健康増進機

健康増進機器認定製品

<table>
<tr><td>認定番号</td><td colspan="3">0006</td></tr>
<tr><td>認定年月日</td><td colspan="3">2019 年 4 月 19 日</td></tr>
<tr><td>製品名</td><td colspan="3">Simple 瞑想</td></tr>
<tr><td>製品概要</td><td colspan="3">特殊周波数の音源を聞くことでリラックス、もしくは精神集中のサポートを目的とした製品。</td></tr>
<tr><td>会社名</td><td colspan="3">株式会社セルパワー</td></tr>
<tr><td>評価審査報告</td><td colspan="3">精神状態が安定し易いとされる 151 ヘルツ周波数と、それよりも 2～9 ヘルツ低い周波数が異なる二種類の周波数音源を聞くことにより、気分がリラックスすることや精神集中がサポートされることは健康増進に資すること、並びに使用時の安全性と製品の品質保証が認められることから健康増進機器として認定する。</td></tr>
<tr><td rowspan="3">モデル追加</td><td>認定番号</td><td>認定年月日</td><td>製品名</td></tr>
<tr><td>0006-1</td><td>2020 年 2 月 21 日</td><td>Simple 集中</td></tr>
<tr><td>0006-2</td><td>2020 年 2 月 21 日</td><td>Simple リラックス</td></tr>
</table>

健康増進機器製品認定証

認定番号	0006
認定年月日	2019 年 4 月 19 日
製品名	Simple 瞑想
会社名	株式会社セルパワー

上記製品は，健康増進機器の認定を受けた製品であることをここに証明する。

一般社団法人
日本ホームヘルス機器協会

器という認定を受けていますが、これは健康機器のトクホのようなものです。リラックス、精神集中をサポートします。

「シンプル瞑想」は、小さな器械で周波数の違う音を聞くだけです。左耳から151ヘルツ、右耳からは、左耳より2～9ヘルツ低い音を聞きます。左右で周波数の若干違う音を聞くことは、自然界ではあり得ません。

ですから、この音を聞くことで脳が違和感を感じて、右脳と左脳でバランスをとるというメカニズムが働きます。右脳と左脳のバランスがとれた状態は、瞑想した後の脳と同じ状態です。

脳波を分類すると、一般的にα波はリラックスした状態、θ波は深いリラックス、瞑想状態のときにあらわれます。「シンプル瞑想」を10分聞いて脳波を測定すると、α波、θ波が優位になってくるので、まさに瞑想した後の脳の状態なのです。

私がパソコン作業をするときに「シンプル瞑想」を聞くと、集中した状態がずっとキープできて、おまけに疲れないのです。スポーツでいう「ゾーン」に入ったような状態です。

集中には、緊張した集中とリラックスした集中の2種類があります。「シンプル瞑想」で得られるのはリラックスした集中です。野球の試合などでよく冗談を言って笑ったりしますが、あれはリラックスした集中の状態にするためにやっていることです。リラックスした集中が一番高度な集中で、だからこそ疲れないのです。

QOLの向上を実感する

利用者からもたくさんの声が寄せられています。

- リラックスした状態になります。
- よけいな雑念がなくなるので、ストレス軽減には最適です。

・ネガティブな心配が減りました。
・新しいアイデアを考えたり、思考が詰まったときに聞いていると、脳がリラックスしていきます。
・頭がスッキリします。
・集中して思考できます。
・深い部分で思考できるような感じがします。
・イライラすることなく落ちつけるようになります。
・会議前に聞くと、頭がさえて、よい議論ができる。また、いいアイデアが出るという効果があると感じています。

「シンプル瞑想」の効果は、こうしたユーザーからの感想でもわかります。

また、アンケートを分析すると、「リラックスできる」37％、「勉強や仕事、読書などに集中できる」31％、「頭がすっきりする」21％、「よく眠れる」11％で、74％の方が何らかのQOL（Quality of Life 生活、人生の質）の向上を実感されているという結果もあります。

私の体感からも、パフォーマンスが2倍ぐらいになる感覚があります。受験生に限らず、勉強する学生の方にもぜひお使いいただきたいので、中身は一緒ですが、ネーミングと色の違う「シンプル（Simple）集中」というのも出しています。キャッチコピーは「聴くだけで全集中！」です。

学習効果が上がる、仕事の効率が上がる、美しくなる

「シンプル瞑想」、「シンプル集中」で行った実験で特徴的なことが幾つかあります。

塾で20人の生徒に、英検1級の英単語を1分間で幾つ覚えられるかという実験をやりました。まず1回目をやり、「シンプル瞑想」を10分聞いた後、1回目と違う英単

語を幾つ覚えられたかを比べたら、実に１７９％、平均で約2倍覚えられたという結果があります。

速読クラスでも、「シンプル瞑想」を10分聞いた後に速読をすると、速読のスピードがものすごく上がったという実験結果があります。

京都の南区の桂川駅前にある未来共育学園は、多動性の子どもたちを目の動きや運動で整えていくという私塾ですが、そこでも実験させてもらいました。多動性の子どもも4人に「シンプル瞑想」を聞きながら積み木でワークしてもらうと、独創的な形をつくって座っていました。私は初めてでわかりませんでしたが、先生と保護者の方がびっくりされて、こんなにじっとしているわが子を初めて見たという顔をしていました。

大人は10分聞いたら1時間瞑想したのと一緒ですが、子どもたちは約1分でそのモードになります。その実験結果にびっくりされて、10台ぐらい購入していただきました。60分の授業の最後の15分は必ず全員が聞いて、いい成果が出ていると言われています。

別の実験は作家の先生です。作家の方は、400字詰め原稿用紙を1枚書くのに何分ぐらいかかるかを体感的に知っておられます。岡本文宏さん、松田優さん、宮谷行美さんの3人の方に、「シンプル瞑想」を聞きながら、その日のテーマの文章を書いてもらいました。そうしたら3人とも半分の時間で書けたのです。パフォーマンスが上がることは間違いありません。

シンプル瞑想を聞きながら、合気道の稽古をする実験を行ったことがあるのですが、相手との気の交流がとてもスムーズに行くようです。

ある実験では、片方がシンプル瞑想を聞いて、もう一方が聞いてない状態で稽古したのですが、聞いてない生徒さんが、相手が聞いてる音が聞こえてきたという体験をされておられました。また、そこにいた師範も、聞いてなかったのに、その近くを通るとシンプル瞑想の音が聞こえたと言われてました。興味深い不思議なエピソードです。

相手と一体化するという合気道の極意に達する手段としても有効なのかもしれません。

シンプル瞑想もホームページのみで販売していますので、展示会等に出展したことは少ないのですが、一度だけ、２０１９年9月に東京ビッグサイトの展示会に出展したことがあります。

１２０人ぐらいの方に10分間、シンプル瞑想を体験してもらうことができたのですが、その際、「10分間、聞かれた多くの方の表情が変わる」というのを目の当たりにしました。

シンプル瞑想を聞くとリラックスした集中の状態になるのですが、展示会でいろんなブースを訪問して疲れていたこともあると思うのですが、シンプル瞑想を聞いてリラックスして心がほっとして、お顔が生き生きとした感じになったのだと思います。

女性の方は、聞く前より、明らかに美しく見えるように感じました。修羅の顔より、仏の顔の方が美しいということなのだと思います。

「パラメモリー」エピソード⑥——前世の記憶が明確に

政木先生は『パラメモリー』を聞くと前世の記憶が明確によみがえる」と言われましたが、私は「シンプル瞑想（「パラメモリー」）」を29年間聞いているのに、まだ前世の記憶を思い出していません（笑）。しかし、家内は初めて聞いた翌朝に前世を思い出したのです。

前世での家内は小さな女の子で、奴隷市場で買われました。買い主を助けるようなことをしたおかげで、とても大切にされ、教育も受けられて、奴隷ながらいい生活ができたのです。その買い主が私でした。かなり年が離れていたので、家内が20歳前後のときに買い主の私が死ぬのですが、死ぬとき、私は奴隷の家内に愛情があったのに、そういう扱いをしなかったことを後悔したようです。それで、現在の家内の私への信頼や尊敬や安心感は、ここから来ているのではないか、私の前世の記憶が家内と出会って出てきたのではないか、というのです。

それを文字にして私に見せてくれました。荒唐無稽な話なのですが、私はそれを読んで大号泣しました。私自身はまだ思い出していないのですが、魂の記憶の中にはそれが残っているということです。

発達障害児が弁護士資格を取るまでに

「シンプル瞑想」は、実は最初はアプリで復活させました。政木先生が無償で開放していたので、一時期、アプリを無料で配っていたのですが、イヤホンを差せばすぐ聴ける専用機のほうが使いやすくて、習慣にしやすい。スマホの充電器で簡単に充電でき、1回の充電で20時間使えるので、お手軽です。

周波数の違う音が左右から聞こえればいいので、カセットテープに録音して聞いてもいいのです。スピーカーで空間に流して、みんながそれを体感できると手っ取り早いのですが、音がまざってしまいます。将来は、椅子の肩のあたりにスピーカーをつけて聞けるような商品の開発を目指しています。

アメリカのモンロー研究所で、1970年代に開発された技術にヘミシンクという装置がありますが、ヘミシンクのほうは、音楽にまざってライトな感じがあります。「シンプル瞑想」は単純な音なので、ダイレクト過ぎて、効果があり過ぎる方がたまにいます。右脳が極端に強い方、左脳が極端に強い方が聞くと、最初だけですが、船酔いみたいになる方がおられますので、「初めて聞くときは短めに聞いてください」という注意書きをつけています。ちょっとずつ長くしていくと、すぐに大丈夫になります。

「発達障害」とか「多動性」という言葉がなかった「パラメモリー」の時代に聞いていた子どもさんが落ちついて、19歳ぐらいで弁護士資格が取れたというエピソードもあります。

〈参考1〉 未来共育学園での「シンプル瞑想」活用について

「未来共育学園」代表理事、上坊由美子（うえぼうゆみこ）（1956年生まれ　京都教育大学卒）

「元小学校教師。教師時代の研修でビジョントレーニングと出会ったことをきっかけに、34年間務めた小学校教師を退職。その後、2013年9月に「目の学校京都洛西校」を開校。生徒が通いやすいようにと2014年9月「目の学校桂川校」としてJR桂川駅前へ移転。2015年4月には大阪西区に2校目となる「南堀江教室」を開校。そして、2016年12月「一般社団法人未来共育学園」を設立、現在に至る」

（ホームページから）

子どもが落ちついて、学習の必須アイテムに

1. 弊社、株式会社セルパワーと「未来共育学園」上坊由美子先生との出会いは、ラジオ番組のMCの紹介で約5年前になります。
当時、「シンプル瞑想」の販売を開始して間もないころで、上坊先生の未来共育学園で「シンプル瞑想」を活用することは可能かどうかということで持ち込みました。

弊社からの製品説明の段階で既に先生は大変興味を持たれ、直ちに使用されたところ、仕様書通り短時間で集中でき、深く瞑想した状態になるとの実感を持たれました。

上坊先生曰く、「聞き始めてしばらくして、紫色の焦点が見えたそうで、これは瞑想状態でもなかなか見ることはない」と、瞬間的と言ってよいくらいでお気に召していただきました。

2. その後学園の生徒がどのように反応するのかと、実験的に教室で使っていただきました。

生徒の反応はさまざまでしたが、「シンプル瞑想」を装着したとたん、多動だった生徒がピタッと落ちつき、またある生徒はドリルに集中し始めました。ご父兄も初めてわが子の落ちついた様子を観て驚いていました。

3．このようなプロセスを経て、未来共育学園のカリキュラムの中に「シンプル瞑想」を取り入れていただきました。

4．いくつかのことを確認をさせていただきました。

・現在の学園の生徒の在籍状況は？

↓120人

・上坊先生の「シンプル瞑想」に対する信頼は？

↓揺るがない。

・シンプル瞑想は、学習の必須アイテムですか？
↓もちろんです。60分の学習の最後の15分に使用。当たり前のこととして、120人の生徒さんが、「シンプル瞑想」を活用しています。
・メンタルが低いと、導入が大変。シンプル瞑想を聞くと、メンタルが上がる。
・「シンプル瞑想」を聞くと、生徒たちが座ってワークするようになる。他施設から見学に来た方がビックリされる。

〈参考2〉京都の亀岡にある、別の私塾での感想

1．中三男子、成績は5教科すべて1。
「高校だけは行っとかないと」と保護者は考えておられるが、小学校での学習内容も理解できていないところが多いので、普通科は厳しい。

学テを受けてもわからないところだらけ。答案を見ると勘とノリで答えていることが見てとれる。集中力は全くなく、来ても居眠りをしていることが多いことから、先月保護者に連絡。

本人にも今のままではどこにも受からないし、責任も取れないからもう来なくてもよい、と伝える。その後本人は少し心を入れ替え、自分で本屋さんに行き問題集を初めて購入し持ってきた、そのタイミングで「シンプル集中」に出会う。

10月21日：10分間、音を楽しむ。その後いつもは90分かかっても半ページもできない数学の計算問題をあっという間に2ページ進めた。自分でもわからないけど、「とにかく頑張れた」らしい。

10月24日（「シンプル集中」使用2日目）：本人が使いたがり、10分間「シンプル集中」を聞いた。その後も順調に計算問題を解く。とても素直に向き合うことができ大学生の講師に「わからないから教えてほしい」と自分から言ってきた。こんなことは3年間で初めての出来事！　今の彼なら、他の教科の勉強も進められそうだ。

2. 中1女子、情緒不安定。通級（比較的障害の軽い児童への通級指導教室）。集中力がなく、自分の実力をいざというときに発揮できない。
10分聞いた。すぐに集中モードに入り、ワークををどんどん進めた。また、わからない箇所を質問して、1つずつ納得して進めていた。

このようなことは今まで一度もなかったので、周りも驚いていた。本人も集中したことを実感できたようで、あっという間の90分だったようだ。

3. 中3女子、こだわりが強い。
英語に対しての苦手意識が強く、向き合えない。短期暗記は得意だが、テスト後はすぐに忘れてしまう。

初めて使用。たったの10分間だったが、気がつくと英語のワークを3ページも進めていた。今までは90分あっても1ページも進められず、諦めてすぐに他の教科にきりかえていた。

これがきっかけで、英語のワークを自分で進めるようになった。また英語への苦手意識も急になくなり、やればできることに気がついたようだ。

4. 小5女子（英語レッスンにて）、通級、こだわりが強い。好き嫌いが激しく学校でもうまくいかないことが多い。学力は高い。
興味を持って10分間聞く。いつもは教室を歩き回るが、ずっと座っていた。またずっと機嫌がよく、どのアクティビティにおいてもすぐに素直に課題に取り組んだ。

レッスン最初の英文作り（口頭）では、自分の1週間の様子を冷静に思い出して、複雑なことを言おうとしたのには驚いた。

5．小5男子、イヤイヤ英語を学んでいる（が来たら楽しんではいる……）。もう通って4年になるが3文字の単語も読めないことが多く自分は頭が悪いと思っている。
10分間聞く。いつもは作文をつくる際、頭を使わず一番簡単にできることばかりを考えているが（I run. I like games. 等）、今日は違った。

Birds fly in the sky. I spoke with my friend. I had Pokemon cards. などクリエイティブに考えてくれた。

またワーク最終ページでの音読練習では、いつもなら、3文字の単語さえ読まないところを、2ページを最後まで我慢強く読み終えることができた。本人も「シンプル集中」の威力を体感したらしく、その後も機嫌よく通常の2倍は進めることができたように思う。その後のレッスンでも、毎回「シンプル集中」を使用。スクールに来るときに持ってくるネガティブな気持ちを浄化しているようだ。

未来共育学園での活用の様子

「上の写真は別の生徒さんの写真です。幼児の男の子は大変動き回るタイプのお子さんですがしっかり集中して取り組みました。10分ほどして外すとすっきりしたと声にしてくれてました。このタイプのお子様には特に効果が大きそうです」（上坊由美子）

「高校生の女子生徒さんは、精神的に薬も服用されているとのことですが、パズルを使ったプログラムに集中し、大変高くまで積めたことで自分をほめることができました。いつも自分をほめることをしない子なので一緒に喜びました」（上坊由美子）

Awake! III

細胞がよろこぶ「神経波磁力線発生器」（セルパワー）

人類を救う装置その2「セルパワー」

「セルパワー」は、約20センチの銅線を巻いたリングから強力なパルスの磁気が出て、体の中の水の状態が変わり、自然に体が整うという健康機器です。

１９９４年から１９９７年の間に３万５０００台が販売された「神経波磁力線発生器」（Mリング）という機器がありました。２０００年ごろ、政木先生の名前を冠した商品が出始めまして、よく調べてみると、昔の装置とは全然別物の波形になっていて、オリジナルに忠実な機器は販売されていないことがわかりました。

オリジナル製品はよい器械なのに、販売方法が悪くて、いったん世の中から消えてしまったのです。実際に、３万５０００台分が販売されていたのですが、薬事法違反で流通できなくなりました。ある販売業者が、「○○が治ります」とか、「○○がよくなります」と、効果を派手にうたって販売したことが薬事法違反になったからです。

こんなにいい器械が世の中から消えるのはもったいないと思いました。当時つくっていたメーカーの社長の故・北野誠一さんにも協力してもらい、デジタルに置きかえられるものはデジタルに置きかえて、「神経波磁力線発生器」と同じ強さ、同じ波形の磁力を発生する器械の開発に成功しました。２０１２年の初めごろのことです。

昔、薬事法違反で消えている器械ですから、とにかく注意して販売しないといけません。法律をちゃんと守るためには壁がたくさんありました。まずプロトタイプ（試作品）を提供するために、京都部品株式会社をつくり、「神経波磁力線発生器」の磁力を再現するものをつくりました。２年間で約５００台販売して、それからもう１回ブレークスルーがあって、株式会社セルパワーを設立して、２０１５年４月から健康機器（非医療機器）として販売を開始しました。プロトタイプから累計すると、現在まで４５００台以上販売して、利用者の方から高い評価を得ています。

法律の壁を乗り越えて

「セルパワー」にはレンタルの仕組みがあります。1カ月単位で、何の縛りもありません。1カ月使って、気に入らなかったら返却できるというオープンな仕組みですが、レンタルされた方の7割が継続もしくは購入されます。

製品として販売する際の壁は、1つは電気用品安全法という、薬事法や改正後の薬機法とは別の法律でした。2001年4月1日から電気用品安全法が施行されて、電気用品を製造または輸入を行う事業者にPSEマークの表示が義務づけられました。火災を防ぐためです。

さらに、体に使用する電気製品（家庭用の医療用具、甲種電気用品）にPSEマークを申請しようとすると、同時に医療機器の認可を取得することが必要になります。

厚労省の基準の中に、「家庭用電気磁気治療器で発生する磁界は、波形がほぼ正弦波（サインカーブ、家庭用のコンセントと同じ変動）で、周波数は50ヘルツまたは60ヘルツでなければならない」と書いてあるのですが、「セルパワー」は「神経波磁力線発生器」の磁力をそのまま再現していますから、これに合致しません。

そこで、医療機器の認可を取るためにＰＭＤＡ（医薬品医療機器総合機構）に相談したら、10億円以上の費用をかけてエビデンス（証拠）を集めて申請しても、認可はなかなか難しいという話でした。

難航しながらいろいろ考えていると、ある日パソコンにはＰＳＥマークがついていないのを発見したのです。コンセントにつながっているのに、なぜ許可されているのか不思議でした。よく見たら、電源のところにＰＳＥマークがついていました。電源で安全性が確保されていたらいいのです。

それで、電源の部分だけでＰＳＥマークを取ることを考えました。「セルパワー」も最後は直流の電流を使いますので、電源の部分でＰＳＥマークを取ればいいことがわかり、「セルパワー」は電源と本体の2段になりました。そういう形で製品として販売する道が開けたのです。これも「パラメモリー」のおかげかもしれません。

「神経波磁力線発生器」のオリジナル回路そのままでは、現在の法律上は、電気用品安全法に違反した機器になってしまうのです。

8割以上の人がQOLの向上を実感

「セルパワー」のユーザーにアンケート（複数回答）をとっても、「体の痛みが改善」40％、「体の機能が改善」35％、「健康実感を得られる」33％、「よく眠れる」29％、「元気の回復」17％、「安心感の獲得」6％で、88％の人が何らかのQOLの向上を実感しています。

「セルパワー」は、瞬間的に800ガウスのパルスの磁力が出ます。MRI（磁気共鳴画像診断）が2万ガウスなので、そんなに強くはないのですが、瞬間的な磁力で水の状態が変わるのです。

政木先生の説明では、水素と酸素の電気的な結合の角度が変わると、細胞の中の水がマイナスイオンの状態になる。そうすると、マイナスイオンの状態になった細胞に栄養が届きやすくなり、その細胞が元気になって、自然治癒力が上がり、じょじょに体を整えていくというメカニズムです。人間の体は70％が水ですが、その水に働きかけることで、細胞が本来あるべき姿、能力になるというのです。

パルスの磁気は、電磁波とは全然違います。危険な電磁波は1万ヘルツ以上の周波数の短いものですが、「セルパワー」は1〜10ヘルツの変動です。広い意味では「電磁波」というくくりに入りますが、危険な電磁波とは全く別物です。

「ゼロ磁場」の働きもある

もう1つの特徴は、何の刺激も感じないことです。普通、体のそばで強力なパルスの磁気が発生すると、体の中に電流が流れて、ピリピリと刺激があります。体の中の活動電位は0・002秒で1波長変動をするのですが、「セルパワー」も同じ波長変動をするのです。だから、何も刺激を感じないのです。刺激がないと、長く当てることができます。

アメリカの医療機器にうつ病治療で使われるTMS（経頭蓋磁気刺激治療）というのがあります。同じようなパルスの磁気ですが、0・002秒より短い波長なので、ものすごい刺激があります。4秒当てたら26秒休まないと、体がもちません。ですから、30分当てても、結局は4分しか当てていないことになります。

「セルパワー」は刺激が一切ないので、連続して当てることができ、その分だけ磁力が体に届くことになります。

あまりに刺激がなくて何も感じないので、磁力が出ていることがわかるように、最近は磁石をつけています。「セルパワー」は、1～10ヘルツのゆらぎにより変動するタイプです。例えば、「セルパワー」をおなかに当てているときに磁石を背中に当てると、背中で磁石がブルブルします。体を突き抜けて磁力がちゃんと背中まで届いていることがわかります。

パワースポットと言われるところは、磁力が拮抗（きっこう）して釣り合っているところで、ゼロ磁場と呼ばれています。「セルパワー」のリングの周りでは方位磁石がグルグル動くのですが、リングの中心では動きません。リングの中心がゼロ磁場になっていることを最近発見しました。

体の中の水の状態はなかなか測定しにくいのですが、ペットボトルの水に「セルパワー」を当てた前後で波動を測定しました。最終評点が１００を超えると、人間の理想的な水の状態です。当てる前のペットボトルの水は19・6点で、60分当てると102・7点の理想的な状態になることがわかりました。体の中でも同じことが起こっていると考えられます。

酸化還元電位（ORP）を測定した例もあります。酸化還元電位（ORP）がアルカリ性になるほどには変わりませんが、出だしの430ミリボルトが、60分後は334ミリボルトと抗酸化力のある水になっています。磁力を当てるだけで酸化還元電位が変わることは、普通はありません。

「セルパワー」の体内での働きは24時間持続する

人に対しての波動測定の結果です。

LFA（Life Field Analyzer）という波動測定器で1万人以上測定されている先生

に協力していただいて、当てる前と後で波動測定を行った結果です。ちなみに、このLFAは、マイナス20からプラス20の43段階（0、マイナス0、プラス0）の数字が出ますが、これは科学としてはまだ認められていない分野です。

生まれたときは誰しも波動が高い状態ですが、生活するほどにだんだん波動の数値が落ちていきます。例えば30代は11以上、60代は7以上、80代は5あれば良好な状態で、年代によって良好な幅がだんだん下がっていきます。

今まで「セルパワー」を使っていなかった人に30分当てて、使用前後でそれぞれ波動測定を行った結果があります。

40代・女性（M・Yさん）は、使用前は7とか6、一部5だったものが、使用後は17とか15とか、非常にいい状態になっていることが確認されました。

30代・男性（A・Uさん）も、使用前に10とか7だったものが、使用後は19とか20、18になっていました。

この効果はどのくらい持続するのでしょうか。1人の方に協力してもらい、「セルパワー」を30分当てた後、3時間後、6時間後、12時間後、24時間後、48時間後の波動測定を行いました。

その結果、出だしの10とか9が、30分当てた後は19、17、16になり、24時間後に10になりました。心臓の波動の数値は、10が17になって、24時間後にまた10に戻っています。48時間続いているものも一部ありますが、24時間で大体元に戻っていることがわかりました。

「ゆらぎ」を追加してさらにパワーアップ

では、毎日当てれば、いい状態がずっとキープできるのではないかということで、「セルパワー」を日常的に2年以上使用している方に、「セルパワー」を当てない状態、つまり1回目の測定だけをやってもらいました。

50代・男性（K・Sさん）は、7年使用しています。実はこれは私のデータです。当てていない状態でも15とか16で非常にいい。どちらかというと10代、20代の波動の数値の状態が全般的にキープされています。

70代・男性（K・Hさん）は、15、悪くても10で、70代の6より良好な状態です。

この方は㈱セルパワーの役員で、6年使用しています。

ベッドの横に「セルパワー」を置いて、1日1回、寝るときに当てるだけで波動の高い状態がキープできます。どうせなら元気なうちから使って、ずっと健康な状態でいることが理想です。

ちなみに、「セルパワー」を60分当てると水が理想的な状態になると申し上げましたが、「神経波磁力線発生器」と「セルパワー」をそれぞれ水に60分照射して波動の数値を比較したら、出だし66・3の水が、「神経波磁力線発生器」で114・2、「セルパワー」で114・8になり、同じ性能であることが確認できました。

実は、2年前からバージョンアップしてさらに性能がよくなりました。「セルパワー」と最新バージョンの「セルパワーα」で比較したら、33・1の水が、「セルパワー」では120・2、「セルパワーα」では143・1になることが確認できました。波動測定をお願いしている先生に、全く別物ぐらいに性能が上がっていると言われました。

昔の「神経波磁力線発生器」はアナログのタイマーで変動を制御していましたので、1〜10ヘルツでゆらぎのない、単に周期が変わっていくタイプのものでした。政木先生が、ゆらぎを入れたほうがさらにいいというのでつくったのが、「Mリング」で、3〜5ヘルツにゆらぎが入ったものでした。3〜5ヘルツに幅が狭まったのは、そのころの半導体の性能では、そこまでしかできなかったからです。今は半導体の性能が上がっていますので、「神経波磁力線発生器」の1〜10ヘルツの幅にゆらぎを入れることが可能で、それだけでも劇的に性能が上がりました。

「セルパワーα」は、「神経波磁力線発生器」をしのぐ性能だと自負しています。政木先生が実現したかったであろうものができたからです。水の波動測定では、「セルパワー」よりもいい性能になっています。「セルパワーα」はまだ販売実績が少ないのですが、これからさらに反響があると確信しています。

「セルパワーα」を足の裏に15分当てただけでも、全身の波動の数値が上がります。「セルパワー」では、同等のレベルになるには30分かかります。「セルパワーα」を30分当てれば、「セルパワー」を1時間当てたことに匹敵するのです。

喜びの声がたくさん届く

ご利用者からいただいた感想です。

「10歳の娘の皮膚がひど過ぎて、足を伸ばすと切れて血が出るので車椅子で学校に通っていたのが、『セルパワー』を当てて1カ月半ちょっとで、歩いて学校に行けるようになりました。

２０２０年12月8日から、注意しながら当て続けたところ、お風呂に入れるときも抱えて入れていたのが、翌年1月23日には足が伸ばせるようになりました。普通の生活ができるようになり、食事もアレルギーを気にせず食べています」

50代の女性は、母親が圧迫骨折で3週間入院して、家に帰ったら、簡単な1＋3の計算も、数字も曜日もわからず、ほとんど笑わず、認知症のような状態になっていました。「セルパワー」を頭だけに1日2時間以上当てていたら、元の母が戻ってきました。

47歳の女性は、脳の薬を処方されていたお父さんの頭に「セルパワー」を1カ月ほど当てたところ、表情が明るくなって、元の人間らしい姿に戻りました。

89歳の元気のない母親が1日1時間の使用で、4日目ぐらいから言葉が理解できるようになりました。

64歳の男性は、脳出血後の視床痛が2週間ほどで和らぎました。視床痛というのは、脳出血の後遺症で、今のところ治療法がないそうです。我慢できないぐらいの死にそうな痛みが、「セルパワー」を当てるようになって2週間ぐらいで和らぎ、それから1年ほどたって、随分楽になったそうです。

83歳の男性は、肝臓に2カ所問題があると診断されて、使い始めて2カ月後の検査でかなり変化しました。1カ月後に再検査をしても、問題なかったとのこと。

次はペットに関する感想です（巻末資料4参照）。

16歳の老犬は、食欲もなく尿も便も出なくなり動けなくなって、毎日、「セルパワー」を当てたところ、10日ほどで、食欲が出てきて尿も便も出るようになり、動けるようになりました。

5歳のワンちゃんは、乳腺腫瘍が見つかり、かかりつけの獣医に手術をすすめられましたが、「セルパワー」を毎日当てて、11日目に腫瘍が3分の1くらいまで小さくなりました。

セルパワーをきっかけに驚く結果が続々と

中には、胸のトラブルを抱えた女性ですが、当て始めて3、4日後に病院で検査したら、逆に数値が跳ね上がってしまったケースがあります。崩れた古い細胞が入れ替わるときに、そういうことが起こるようです。

49歳の女性は、強い薬を使った治療中に使用しました。副作用で、ごはんが食べられなくなるという声は結構あります。ひどかったときに「セルパワー」を当てると、胃の調子がよくなってきたように感じ、普通に食事ができるようになったそうです。

64歳の女性は、亡くなられたご主人が、膵臓（すいぞう）が最悪の状態でした。膵臓の痛みが強かったのですが、「セルパワー」を当てることで、最期の日まで人間らしい生活が送れたそうです。

60歳の男性は喉頭がひどい状態で、入院していました。強い治療の影響で、のどがやられて食べられなくなるので、胃ろうの造設手術を受けたのですが、病室に「セルパワー」を持ち込んでずっと使っていたら、不快さが和らいだそうです。結局、胃ろうをすることもなく、普通に生活ができるようになりました。その病院のいいところは、「セルパワー」を使わせてくれたことです。

51歳の女性は、毎日当てていたら、1カ月後には皮膚のトラブルが気にならなくなりました。

64歳の女性は、下痢が何十年かぶりに軟便になりました。

検査数値の変化を報告して頂いたお客様も多数おられます。なお「セルパワー」だけで、体が変わるわけではありませんから、慎重に書かせて頂きました。喜び、感謝の声をたくさんいただいているのは、「セルパワー」をひとつのきっかけとして生活の質が変化するからのようです。

修行僧の法力と同じレベルのエネルギーが出ている

神戸市北区の鏑射寺（かぶらいじ）にN和尚という方がおられて、政木先生の精神的なサポートをしていました。

あるとき、「N和尚が病気になるから、それを治すものをつくれ」というメッセージがあちらの世界から来て、政木先生が一瞬でひらめいたのが「神経波磁力線発生器」でした。政木先生は、講演で、「神経波磁力線発生器は、アトランティスの時代の前世でつくっていた装置を思い出したもの」と言われていましたので、ひらめいたというより、思い出したという方が正しい表現かもしれません。

「神経波磁力線発生器」をN和尚に持っていくと、N和尚が手を当てて「いいものができましたね。1週間飲まず食わずの修行をした後、最後に手から出るエネルギーと同じものが出ています」と言われました。

N和尚が病気になったのは、東京に来る大地震を止めたからだそうです。その結果、N和尚の体に石がたまりました。岡山大学医学部の病院で執刀したお医者さんが、「和尚さんの体から石が何百何個出てきました」と言ったら、和尚が「その数は間違っている。何百何十何個のはずだ」と言うので、お医者さんがもう1回数えたら、和尚の言った数が合っていました。その病気を治すためにつくった器械が「神経波磁力線発生器」です。

有名なミグ戦闘機の亡命の話（ベレンコ中尉亡命事件、1976年9月）があります。

ソ連のミグ戦闘機の情報が欲しいという依頼がアメリカから日本に来ていたのですが、日本政府にはそんな情報はありません。

N和尚が、不漁のときに魚を呼び寄せて獲れるようにしたとか、そういう話を政府関係の人がどこかから聞いたのかもしれませんが、N和尚に相談したのです。N和尚は、「○月×日に函館空港で待機したらいいですよ」と言いました。

そのとき、N和尚はミグ戦闘機のベレンコ中尉に念を送り、レーダーにかからないような低空を飛んで、函館に着陸するように誘導したのです。そして、ミグ戦闘機が函館空港に降り立ち、ミグ戦闘機本体を調べることができたということです。

私の兄の知り合いのお坊さんが、「セルパワー」の真ん中に「般若心経（はんにゃしんぎょう）」を置いておくと、その部屋の除霊が短時間でできると言っています。そういう不思議な装置です。

最近では、西洋医学だけではなくて、アーユルヴェーダとか、前世療法とか、いろんなものを駆使してやっておられる先生が、「セルパワー」を当てると、退行催眠をかけているときの脳の状態になると言われました。体がそういう不思議な状態になって整っていくのです。

私は、政木先生の「人類を救う装置」という表現が、「少し大げさかも？」と思いながらも、先生が言われていた表現なので、そのままの表現を使って来ています。

昨今、世の中が大変な状況になって来ており、新型コロナ感染やｍＲＮＡワクチンの副反応など不安を抱える人が増えているようです。そんな中、ぜひみなさんには「セルパワー」と「シンプル瞑想」を活用していただきたいと思います。「セルパワー」のホームページに正しく情報を伝えるために動画が用意してあります。ぜひご覧ください。発達障害や多動性の子どもたちにも、「シンプル瞑想」をもっと聞いていただきたいと思います。今さらながら、２つの機器は、「本当に人類を救う装置だ」と心から実感しています。

Awake!

Ⅳ

他人を幸せにする仕組みを増やす

あらたな仕組みをひらめく、ネット広告収入の新システム

政木先生は、「セルパワー」、「シンプル瞑想」が1000万台普及すると、日本の医療費は10分の1になると言われていました。しかし、頑張っても年間500台ぐらいが限度です。1000万台普及するためには、2万年かかってしまいます。

そのとき、またひらめいたのです。「セルパワー」のホームページの中に説明動画があります。今は1日に100人ぐらいしか訪れていないのですが、1日に1万人に訪れてもらえるようになれば、それだけ広がります。ホームページの動画をもっと多くの人に見てもらうにはどうすればいいかを考えていたとき、誰から誰に伝わったかがわかればいいと、ひらめいたのです。

アフィリエイトコード（トランザクションコード）というのは、アフィリエイト

（成果報酬型広告）でブログに記事を書いてバナー広告をつけると、自分の書いた記事から来た人が購入したら広告料をもらえるというものです。

Aさんから B さんに、Bさんから C さんに伝えるときに毎回記録があれば、誰から誰に伝わったかがわかります。そこがわかると、その先で誰かがレンタルしたり購入したときに、間の人にも広告料のような形でお礼をすることができます。そこまでパッとつながったのです。

そして、特許を出したら、そのまま成立しました。私はサムスンのときも、ほかにもいろいろ発明をしているので、特許は何回も取っているのですが、ＩＴの分野で出したそのままで特許が成立することは、ほぼありません。世界中で何十億人に使われているＩＴの分野で特許が成立するのは特に難しく、成立したとしても、かなり範囲を狭められるのが普通ですが、出したそのままで成立したのです。ですから、びっくりしました。実際にそれは世界7カ国、アメリカ、中国、日本、インドネシア、フィリピン、マレーシア、タイで成立しています。

この技術をユーチューブで使うと、こんなことができます。おもしろいユーチューブの動画を見つけて、誰かと共有します。今までの仕組みだと、トータルで何回再生されたかしか表示されませんが、この技術を使うと、Aさんから紹介してもらった結果、5325回再生され、トータル1００万回というのを表示できるようになります。それが表示されれば、うれしいし、テンションが上がります。

それをショッピングで使うと、アフィリエイトが何段階にもつながって、その途中で伝えてくれた人にも広告料のような形でお礼ができます。それをうまく使うと、いろんな人に「セルパワー」のホームページ、動画を見てもらえるようになると、パッとひらめいたのです。

そこで、「セルパワー」では、1０００万台の普及に向けた新しい販売方法として、株式会社mana(マナ)をスタートしました。

その特許を「グランドルーツ」と呼んでいます。「ルーツ」は自分の起源、「グランド」は先祖代々という意味で、「ずっとつながっている」という造語です。

ｍａｎａの利用方法は、月々支払いのサブスク（レンタル）を基本にして、「セルパワー」と同じように、１カ月単位で、イヤだったらやめることもできるし、気に入れば購入することもできます。サブスクと広げた人に広告料でお礼をするということを組み合わせて、画期的な仕組みができあがりました。

健康機器を販売するには、薬機法という大きな壁があります。薬機法というのは、もともとワラをもすがる病気の人に、効きもしないものを法外な値段で売りつける悪徳業者から国民を守る目的で制定された法律ですから、厳しく運用されています。「セルパワー」は、利用者の評価が非常に高いので、法を守りつつ、正しく情報を伝えるために、ホームページの動画を用意しています。

先ほどの特許技術を使うと、ウェブや動画の情報を拡散してもらったら、広げてくれた人に広告料でお礼を渡すことができます。これはホームページや動画を見たりするだけなので、どちらかというとアフィリエイトがつながったものに近いのです。

ｍａｎａでは、会員の人を、親しみを込めて「マナんちゅ」と呼びます。

マナんちゅの仕組みは、特許技術の一部を使って構築していいます。紹介していただいて、ｍａｎａ製品やマナんちゅの仕組みの情報が広がっていって、先々でｍａｎａ製品を利用する人や購入する人がいれば、広告料が発生するというスタイルです。誰か使う人がいると、伝えた人に広告料でお礼ができるというスタイルです。

ネットワークビジネスとは異なる、特定負担なき新たな仕組み

ｍａｎａはネットワークビジネスではありません。ネットワークビジネスは「紹介、組織販売」です。マナんちゅは「ウェブ情報を伝える仕組み」で、今までなかった全く新しいものです。ネットワークビジネスは、伝える本人がその商品を使用していないと報酬が受け取れないことが多く、これだけのものを買わなければダメという特定負担（必ず支払わなくてはいけないおカネ）があります。マナんちゅはウェブ情報を

伝える仕組みですから、特定負担は一切ありません。

マナんちゅへの登録は無料で、登録しても月額固定のサブスクを利用する必要はありません。利用していなくても伝えることができます。アフィリエイトは、自分で使っていない商品の宣伝をしますが、サブスクを利用せずに伝える場合、マナんちゅも同じです。ｍａｎａの仕組みは特定負担がないので、法律的にもネットワークビジネスには当たりません。

マナんちゅになると、安く使えて、人に伝えて広がったときには広告料が発生します。「セルパワー」の最高バージョンの「セルパワーα」と同じ製品を「マナウェーブ」と名称を変えただけで、気軽に月々払いのサブスクで使っていただけます。「マナバランス」は「シンプル瞑想」と中身はほぼ一緒で、これもサブスクで使えます。１カ月使って、イヤなら返していただけばいいのです。

マナんちゅの場合、「マナウェーブ」が月々８８００円、「マナバランス」が月々３０８０円です。

ｍａｎａでは、あなたから10段階先までが広告料や寄付の対象です。広告料率は次のようになります。あなたが直接伝えた人が使った場合、あなたが受け取る広告料率は５％、同じように２段階目は３％、３段階目は10％、４段階目は５％、５から９段階目は１％、10段階目は２％、全部の人が使ってくれればトータル30％です。10段階先まで伝わって誰も使っていなければ、広告料は入りません。

「マナウェーブ」の単純な例で、みんなが１人ずつに伝えていき、10段階目の人だけが「マナウェーブ」（広告費の計算では一般価格の月々１万１０００円を基準値とします。マナバランスは３８５０円）を使うと、その人の１人前（直接伝えた）の人に５５０円、２人前の人に３３０円、３人前の人に１１００円、４人前の人に５５０円、５から９人前の人に１１０円、10人前のあなたに２２０円の広告料が発生します。

少しでもいいから他の人を幸せにする仕組み

特徴的なのは、寄付も選べることです。例えば10段階目の人だけが使ったケースで、あなたから5段階目と6段階目の人が寄付を選べば、広告料で発生するはずだった660円（110円＋550円）が寄付に回ります。

「マナバランス」も同じような計算で、10段階先の人が使った場合は、あなたには月額3850円の2％の77円の広告料が入ります。

ｍａｎａでは、最初はサブスクだけでやろうとしたのですが、購入したいという人が多くいましたので、途中から購入できるようにしました。

マナんちゅになると、「マナウェーブ」の購入金額は31万6800円です（広告費の計算では一般価格の39万6000円を基準値とします）。購入した人の10人前の人には7920円、直接伝えた人（1人前）には1万9800円の広告料が入ります。寄付を選んだあなたから5段階目、6段階目の人のところから2万3760円が寄付に回るという仕組みです。

1人が何人に伝えてもいいのです。例えば1人が2人、2人が4人と、倍々に伝えていくと、10段階目では1024人になります。極端な例ですが、9段階目までの人は全然使わず、10段階目の人だけが全員使うと、220円×1024人＝22万5280円の広告料が月々入ってきます。最初は2人にしか伝えていなくても、こんなに広がっていくのです。しかも、自分の口で説明するのではなく、ホームページや動画を見てもらえばいいのです。

登録料も特定負担も一切ありません。サブスクをするもしないも自由です。サブスクを利用したとしても、1カ月単位で自由に解約できます。広告料が不要な人は寄付を選べます。10段階目までは広告料や寄付の対象になります。

『9段階目まで誰も使わず10段階目が使う』という特殊な例で説明したのは、マナんちゅと、ネットワークビジネスの違いを伝えるためですが、よい製品なので、実際は、2人に1人くらい使われています。

例えば、100ページの図のように1人が2人に伝え、2人が4人と、倍々に伝えていくと、4段階目では、16人になります。そして、2人に1人がマナウェーブを使ったとすると、550円＋660円＋4400円＋4400円＝1万10円の広告料が毎月入ってきます。マナウェーブのマナんちゅの月々のサブスク料金は、8800円ですので、この状態では、もらえる広告料の方が多くなり、無料で使えることになります。もちろん、その先伝わった人の広告料ももらえます。

マナんちゅは、『ウェブ情報や動画で、各自が自分で判断し、登録して人に伝え、製品がよさそうだと思えば、各自の判断で使い、よければ使い続け、よくなければ、返却する。』この繰り返しです。嫌な思いをする人が全くいない中で、よい製品が拡がって行く仕組みです。

副業禁止の職業の人もできるのです。副業禁止の公務員などは、現役の間は寄付を

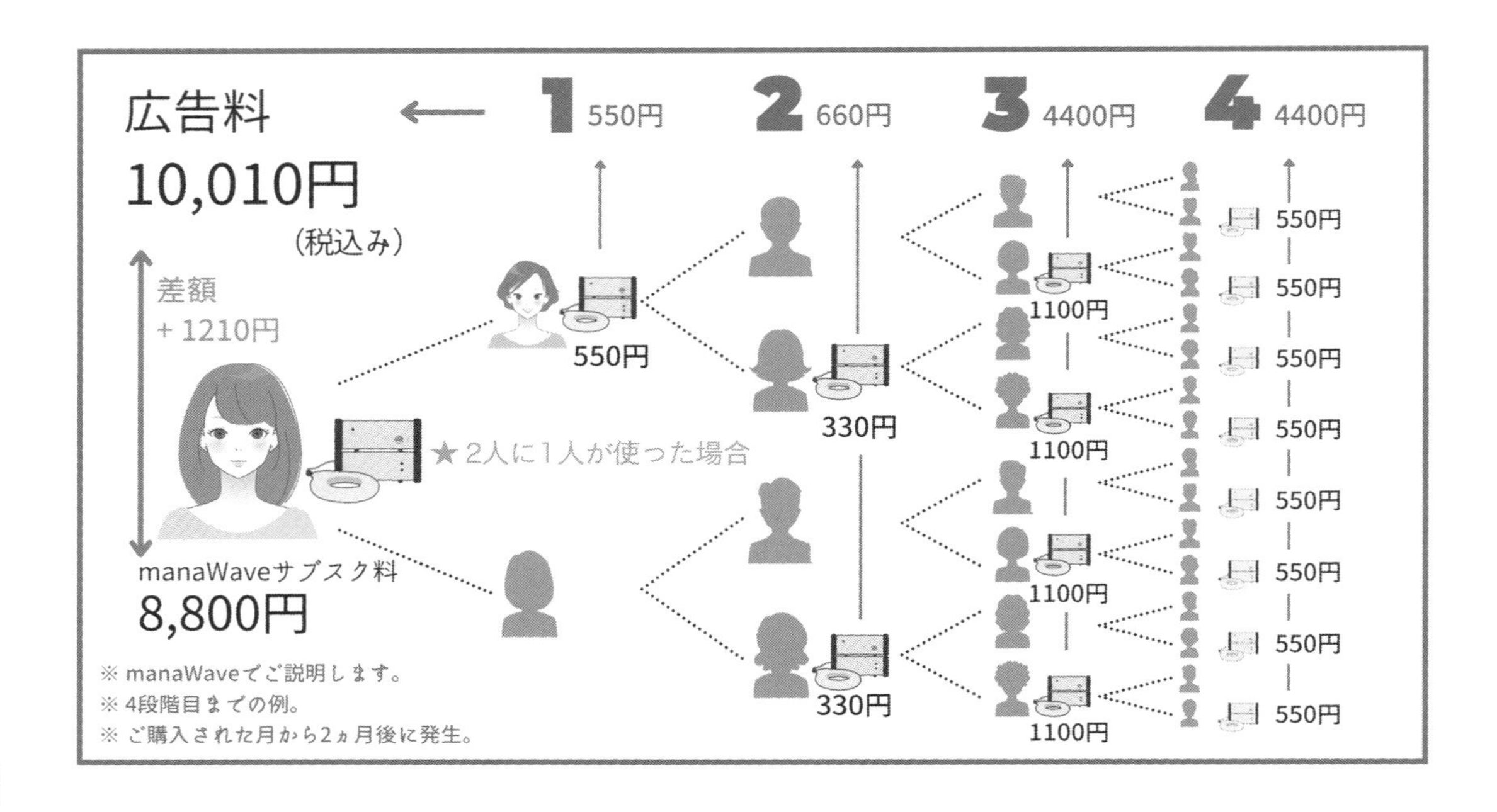

広告料
10,010円
（税込み）
差額
＋1210円
manaWaveサブスク料
8,800円
★2人に1人が使った場合
1 550円
2 660円
3 4400円
4 4400円
550円
330円
330円
1100円
1100円
1100円
1100円
550円
550円
550円
550円
550円
550円
550円
550円
※ manaWaveでご説明します。
※ 4段階目までの例。
※ ご購入された月から2ヵ月後に発生。

選び、定年退職したら、その時点から寄付をやめて広告料をもらうこともできます。
講演会のとき、政木先生に「何度も生まれ変わるということは、人生とは修行のようなものなのですか」と質問したら、「そういうものではなく、少しでもいいから他の人を幸せにする（他の人のためになる）ことをすることが大事なんですよ」と答えられました。

「セルパワー」や「ｍａｎａ」を使ったお客様から、感謝の声がたくさん届きます。ｍａｎａのほうでは、伝えた人にもそれが届きます。非常にいい循環になるのではないかと思います。そういう感じで、多くの人を幸せにすることに協力していただけるとうれしいです。

政木先生は、「この世の中に偶然などというものは1つもない。すべてのことは必然である」と言われていました。

約30年前に政木先生のことを尊敬し、講演会に足しげく通っていたところ、なぜか、司会を仰せつかり、それから、長い年月が経った後に、「セルパワー」やｍａｎａとして、『人類を救う装置』を復活させることになったのは、偶然ではなく、必然なのだと思います。だからこそ、何としても1000万台まで普及させたいと考えています。

奇跡を起こす心のもちかた

私は京都大学を出ていますが、高校2年の春休みまで大学に行くつもりはありませんでした。広島の公立高校でバンドをやって楽しく過ごしていましたから、成績はクラスの半分以下でした。

高2の1学期に、「人間は何をつくってきたか」というNHKの番組がありました。人力車から始まって、最先端のアポロ宇宙船までの話でした。アームストロング船長が、「今この番組をごらんのあなたが人間の無限の可能性を信じるならば、人間はいつか銀河を飛ぶでしょう」と言って終わったのです。

私はものすごく感銘を受けました。「わかりました。私がやります！」と、心の中で叫びました。ＵＦＯにもちょっと興味があったので、宇宙に出る最先端の乗り物はＵＦＯだ、ＵＦＯをつくりたいということで、京大を目指すことにしました。最初にバンドの仲間にそれを言ったら、バカにされました。家族も含めて誰も真面目に考えていませんでした。

高３のとき、担任の先生に「僕は京大しか受けません」と言ったら、「絶対受からないから広島大学にしろ。広大ならまだ可能性がある」と言われたのですが、「僕は大学に行きたいわけじゃなくて、京大に行きたいんです」と言って、かたくなに京大しか受けませんでした。もちろん見事に落ちました。

ようやく親も、本当に行くつもりなんだなということで、予備校を探し、３００人が京都大学に合格していた京都の予備校に行って、そこから本格的な受験勉強を始めました。

残念ながら1浪では京大には受かりませんでしたが、防衛大学校には合格しました。航空工学科があったので防衛大に行ったのですが、やっぱりもう1回、京大を受けようと思い、9月に防衛大をやめて、半年勉強して何とか京大に受かりました。しかし、航空工学科は偏差値がダントツに高くて届かず、冶金(やきん)学科に入りました。

卒業のとき、研究室の教授からは、どこかに就職しろと、卒業式の1週間前まで説得されたのですが、UFOの研究ができそうな就職先がなかったのです。平成元年卒で、就職にはすごくいい時代でしたが、私はUFOの研究をしたくて京大に来たので、それ以外のところに就職するのは不本意でした。若気の至りもあり、「自分で会社を興して、そこで研究します。だから私は就職しません」とミエを切って起業して、35年になりますが、残念ながら、いまだに研究できていません。今は京大でもベンチャーを支援する部署がありますが、その当時は一切ありませんでした。

ですから、「セルパワー」や「mana」が大きくなって余力が出たら、自分でも研究しつつ、研究者をサポートできたらいいなと思っています。これも必然なのかもしれません。

　大学生のときに母が50代で亡くなったのですが、母の教えがずっと心に残っています。

「上を見ればキリがない、下を見てもキリがない。上見て暮らすな、下見て暮らせ」、不平不満を思うのではなく、現状に感謝する気持ちが大事で、「どうしてもつらいときがあったら、無理やりでもいいから、うれしいな、楽しいなと思えば、心が明るくなる」というものです。

　後に何かの講演会で、言い切るほうがいいということを聞きました。「うれしいな、楽しいな」は母親の教えとしてはいいけれども、「うれしい、楽しい」と思うようにしています。

　今は、それにもう1つ足して、「うれしい、楽しい、ありがとう」と思うように心がけています。そうすると本当に気持ちが明るくなりますから、読者の方も、だまされたと思って一度試してみてください。

Awake! V

巻末資料

巻末資料1　人類は過去に4回滅んでいる⁉（政木和三の著書より）

人類は過去に4回滅んでいる⁉

なぜ私の話が15％の人々にしか理解されないか。それには理由があるが、その前に少しふれておかなければならないことがある。

かつて私は、次のような疑問をいだいていた。

①人類が地球上に誕生したのは、今から約300万年前とされている。それから現在にいたるまで、人類の文明は300万年もかけて、原始時代の幼稚な文明から現代の華々しい科学文明へと、ほんの少しずつ進歩してきたのだろうか。

②周知のように現在の文明は、ここわずか100年の間に異常な変貌（へんぼう）をとげている。この物質科学文明は、人類にとって最初のものであろうか。

③現在の文明がわずか100年あまりで開花したものであるならば、10万年もあれ

ば、もっと発達した文明が過去にあってもよいはずではなかろうか。

これらの疑問に対し、やがて生命体から明快な答えが得られるようになった。その答えとは、『実は、10万年以上も前に、人類は現在と同じ文明をもっていた。人類は、それまでにも何度か、発達した物質文明によって滅亡をくり返していた』というものである。

これを裏付けるような調査結果がしだいにあらわれ始めた。

今から十数年前、京都大学と大阪大学が共同して、琵琶（びわ）湖（こ）の湖底を250メートルほどボーリングし、地層を調べたことがある。その結果、日本には、11万年前、18万年前、25万年前、35万年前に、それぞれ氷河期があったことが判明した。

それに触発され、同じころにアメリカでも同様の発掘調査が行われた。しばらくして、11万年前の地層から、現在使われているコンピュータとほぼ同じコンピュータの一部、それに乾電池が発見されたという報告が、アメリカの学会から私のもとにもたらされた。それに伴い、コンピュータがあるくらいなら当時すでに自動車も飛行機も、原水爆もあったのではないか、という推測が芽生えてくるようになったのである。

生命体は、はっきりとこう言っている。「10万年以上も前の大昔も、今と同じような物質文明が発達し、その結果、人類は滅んだ。ガソリンエンジンをつくって、石油を燃やし、空気を汚染してしまったことなどから、氷河期をまねいたのがその主な原因であった」と。事実、私の発明の多くは、そのころの人類が使っていたものの現世における再現にすぎない。

現在の自然と文明の関係はどうであろうか。科学がそれほど発達していなかったころは、動物が排出した炭酸ガスを植物が吸収して酸素に変え、その酸素を動物が吸うといったように、空気もきちんと循環していた。それが石油の大量消費などによって、一気に何万年分かの炭酸ガスを排出するようになり、空気がうまく循環できなくなってしまっている。それが現実の姿である。

現代の科学技術は、単に便利でさえあれば、周囲にどういう悪影響をもたらすかということをいっさい考慮せず、環境を破壊するような道具や機械でも、委細かまわずどんどん生産し続けてきた。たとえば、なぜ初めからガソリンエンジンを使わない、空気を汚染しない車を発明しなかったのか。結局、現在の物理化学は、精神論を内に全く含んでいないからである。かつて滅んだ文明も、まさにそうであった。
　こうして人類は、過去に4回も高度な文明を獲得し、そのつど、自ら生み出した科学によって滅んできたのである。

『この世に不可能はない』政木和三、サンマーク出版（1997年）「第4章　よみがえる古代の叡智」より

巻末資料2　医師による「セルパワー」の使用例

「セルパワー」(磁気刺激装置)

セルパワーは、磁気刺激を用いて病気を改善する装置です。

1000件以上の発明をしたにもかかわらず、いっさい特許料を取らなかったという、非常に志の高い元大阪大学工学部工作センター長の政木和三先生が、「セルパワーが人類を救う」とおっしゃったという逸話があります。

セルパワーは、身体の病変部に瞬間的に強力なパルス性の磁力を当てることで、病変の周囲の水分子がマイナスに帯電し、その結果細胞内に栄養を入れることで、病気を改善させるという原理の装置です。この装置が他の磁気刺激装置と違うところは、体の中の活動電位の波形と同調しているため、体がぴりぴりした刺激を感じずに、長時間体に当てることができる点です。

私も愛用していますが、頭に当てるとすっと疲れがとれ、毎日使わずにはおれない気持ちになります。

セルパワーで、症状が改善したという体験談のある疾患は、以下のようになります。

脳疾患（アルツハイマー病、視床痛、しびれ、脳梗塞、脳出血、統合失調症）、がん（胃がん、肝がん、前立腺がん、乳がん、肺がん、膀胱がん、骨髄腫、抗がん剤の副作用）、呼吸器疾患（喘息）、消化器疾患（胃潰瘍、便秘、潰瘍性大腸炎、下痢、食欲低下）、循環器疾患（不整脈、狭心症、高血圧）、ホルモン代謝（糖尿病、痛風）、アレルギー（アトピー、花粉症）、痛み（胃痛、肩こり、関節痛、腰痛、五十肩、骨折、歯痛、頭痛、生理痛、鼠径ヘルニア、帯状疱疹、肉離れ、ねんざ、リュウマチ、肋間神経痛）、感染症（気管支炎、口内炎）、自律神経に関する疾患（眼精疲労、倦怠感、自律神経失調症、ドライアイ、疲労、浮腫）等。やはり多くの生活習慣病が改善した実績があります。

最近私がみた症例は、ふたりとも若い女性ですが、セルパワーを使用して、一人の患者は、統合失調症の薬をだいぶ減らすことができました。もう一人の患者は、アトピーがひどく車いすで学校に通っていたのが、歩いて通えるようになり、効果に驚いているところです。

私は前にも、サプリに関して、その会社の社長の人柄をみて、誠実な人であれば信用するという話をしました。その意味で、政木先生という伝説的といってもいい高潔な人柄と天才的な発明の才能をもった人が、この装置が人類を救うといったことは、いかにこれが有用なものであるかを物語っていると、様々な症例をみるにつけ、感じています。

『脳の働きと免疫力』篠浦伸禎（しのうらのぶさだ）、国書刊行会（2022年）「第2章　免疫力を強くする「統合医療」実践編」より

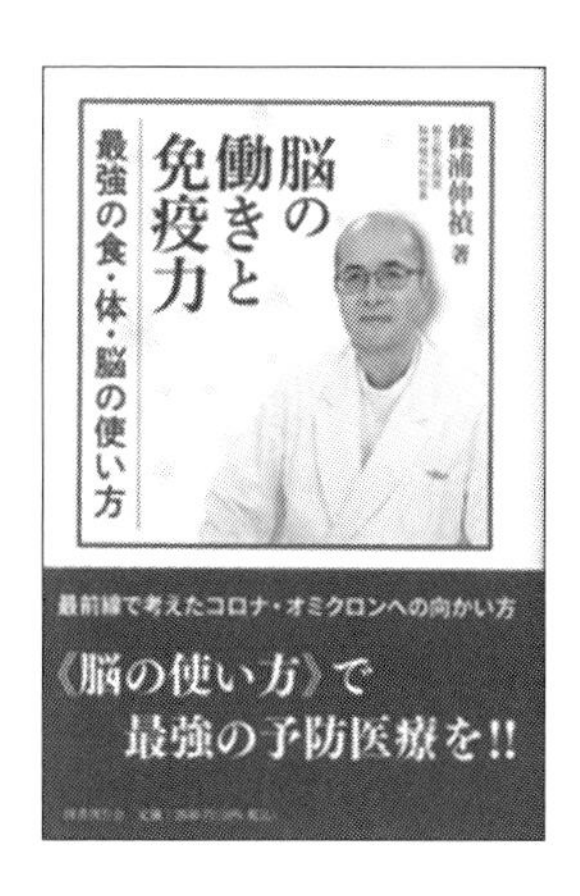

篠浦伸禎：都立駒込病院脳神経外科部長。1958年愛媛県生まれ。東京大学医学部卒業。東京大学医学部付属病院、国立国際医療センター等に脳神経外科医として勤務し、1992年東京大学医学部の医学博士を取得。同年、シンシナティ大学分子生物学部に３年間留学。帰国後、都立駒込病院に勤務。2009年より同病院脳神経外科部長を務める。医療情報発信の場として「篠浦塾」を主催。また患者会、予防医療勉強会を含む和心統合医療協会（S-BRAIN 脳活用度普及協会に属す）設立。2015年『週刊現代』で「人として信頼できるがんの名医100人」に脳分野で唯一選ばれる。脳外科における覚醒下手術でトップクラスの実績。著書に『脳腫瘍 機能温存のための治療と手術』主婦の友社、『人に向かわず天に向かえ』小学館、『新 脳にいい５つの習慣』株式会社 YUKAZE、『統合医療の真実』きれい・ねっと、他多数。

巻末資料3　「超強力神経波磁力線発生器」ご使用の手引（当時の説明書より抜粋）

神経波磁力線発生器の発明

政木博士が世に送り出された数多くの発明品の中でも、もっとも画期的で、人類の幸福に寄与するであろうと期待されているのが超強力神経波磁力線発生器です。

この超強力神経波磁力線発生器の病気改善、健康回復に対する驚異的な効果については後で述べるとして、まずその発明経過について述べましょう。

話は、政木先生が大阪大学で工学部から医学部に移ったころにさかのぼります。このころのことを政木先生は以下のように回想されています。

私は医学部に行って、人間の神経を調べてびっくりし

ました。現在の物理化学ではとうてい解析できないような構造になっているのです。最初こういう実験をしました。

指はどこでもよいのですが、ショックをポンと加えます。たとえば熱いものを指にポンとつけますと、温度が上がったら、ある神経電圧が発生します。その電圧が神経を通って脊髄を通って頭にきます。大きな信号がきますと、頭のなかでそれと反対の信号が発生してすぐ元へ戻ってくる。

ところが普通に頭から信号をだして曲げようと思うと、頭から信号がくるのにだいたい２００分の１秒から３００分の１秒かかります。だから頭が思ってから指が動くのには２００分の１秒後にしか動かないのです。

ところが熱いものをつけますと、行って帰る時間が１０００分の１秒ですから、瞬間に曲がるのです。そうゆう神経の研究を電気的にやっていたわけです。人間の構造というのはすごいものだとつくづく思いました。

こうして政木先生は、人間工学のテーマであった神経系と専門の電気系の研究を進めていかれました。そして、その研究の過程で、人間の神経信号である「二相性活動電位波形」と同じ発振出力の波形をつくることに成功したのです。

人間が手足を動かすことができるのも、脳からの電気的な信号が伝達されるからですが、この信号が二相性活動電位波形（神経信号電圧波形）です。この二相性活動電位波形は、マイナス側とプラス側両面にわたったプラス・マイナス二相交流となっています。そして、政木先生が発生させることに成功した磁力線は、パルス幅約1／1000秒のプラス・マイナス二相交流で、人間の神経信号電圧波形に限りなく近づいた波形だったのでした。

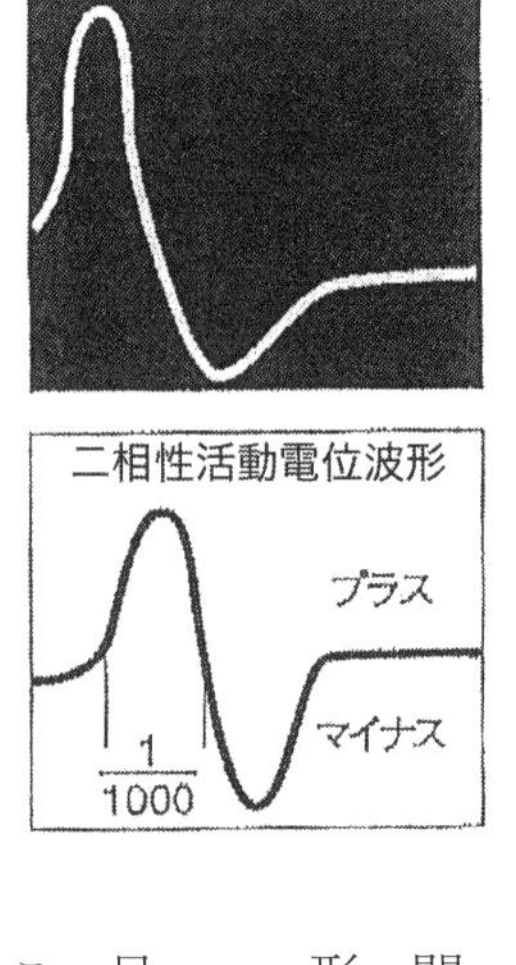

この二相性活動電位波形は人間の神経の信号波形の医学用語のことです。政木先生は、これが神経の指令が伝わるときの波形である

ことから「神経波」と名づけました。この名称は現在でも一般的に使われています。

こうして神経波をつくることに成功した政木先生は早速、自分の体で実験してみました。すると、肩や腕などの筋肉がピクピクと動き、とても快調になったそうです。

また、捻挫（ねんざ）して痛くてたまらなかった足首にあてると、しばらくして痛みがなくなりました。

これが現在の超強力神経波磁力線発生器の原型だったのです。

電磁波障害と神経波磁力線

以上のようにして発明された超強力神経波磁力線発生器の装置の回路を少し専門的にいうと、次のようになります。

電源は家庭用の１００ボルトを整流にすると波高値１３０ボルトが得られる。

これをサイリスタによって放電し、コイルを通して大容量のコンデンサに充電する。この電荷を別のサイリスタでコイルに再放電して一度使った電気を二回使うという効率のよいものである。その波形をオシログラフでみると、人間の神経信号波形と同じであったというわけだ。

そして電源値を計ってみると90アンペアも流れていた。つまりパルス幅は約1000分の1秒でプラスマイナスの両波形で500分の1秒となり、人間の神経電圧と同じであった。

出力電力は130ボルト×90アンペアで、瞬間電力は1万ワット以上にもなる。磁力線としての出力は約8000アンペアターンとなる。つまり、入力電力50ワットくらいの機械から、瞬間電力が1万ワットの装置が出来上がるのだ。(『未来への発想法』より)

しかし最近、問題になっているように人間の体は、神経波ではない一定の強さの電磁波を長時間当て続けると神経や筋肉が麻痺(まひ)して、必ずしも体によい影響を与えるとはいえません。

例えば、プラス側、もしくはマイナス側だけに波をもつパルス波や、携帯電話やテレビなどの電化製品のように正弦波が連続して発生する人工の電位波形では、体に当てたときに不快感を感じるものです。

それに対して、超強力神経波磁力線発生器から発する神経波は、人間の体の中に流れている電気的な信号に限りなく近づいた自然な磁力線であり、現在問題になっている電磁波とは波形が全く違うものです。長時間当てていても副作用はありません（いままでの数多くの使用者からも副作用に関する報告などは一切ありません）。

つまり、神経波磁力線発生器から、強い磁力線は出ておりますが、現在問題になっている電磁波とは全く性質の違うものなのです。

また、コイルから発生する音を聞いていただいてもわかるように、神経波磁力線発生器は、神経波を出したり止めたりしながら断続的に流れています。これは、連続して同じ磁力線を体にあて続けると筋肉が疲労するからであり、その点も十分考慮のうえ設計されています。

尚、政木先生からは「露磁波障害と神経波磁力線」について、以下のようなご返答をいただきました（原文のママ）。

電磁波を字引で調べるとすぐわかりますが、1秒間に1万回以上（＋）（－）の交電電圧電流によって輻射（ふくしゃ）されるものと記されてあります。

神経波磁力線は1秒間に5〜7回ぐらいの人間の神経信号と同じ磁力線が出ております。

もしも神経波磁力線が電磁波であれば現在生きている動物全部に害があるはずです。人工的に造った電磁波は害がありますが何億年も前から地球にあった神経波ですから良いことはあっても悪いことはないと思います。

しかし信じない人は使わないことだと思います。悪く思えば何事も悪くなってゆくと思います。

神経波は電磁波ではないということをご理解のうえ、どうぞ安心してご使用ください。

驚異的に高まる自然治癒力

この神経波磁力線の原理を医学的にいうと――

細胞の中の水を負の状態にすることで、その水が細胞の周辺にある必要な栄養分を吸収する。このことによって、細胞の栄養が、豊富になって自然治癒力を驚異的に向上させ、悪い症状を癒すことになる。

ということです。

悪い症状、病気の細胞は周辺にいくら栄養分があっても吸収する力がない状態といえます。それが超強力な神経波磁力線によって細胞内の水のH_2Oの位置が変化して、中性の水から負の状態になり、栄養分を活発に吸収するようになるというものなのです。

しかし、神経波磁力線発生器の原型を開発した当初は、発明者の政木先生にも、どうしてこの神経波磁力線が体に良く、病気まで改善してしまうかということは、医学的にわからなかったそうです。

ところがアメリカから、この磁力線で治療されている医者のO先生が来て、次のような話をされました。

「例えば、ガンのような長期間の経過による病気となると、病巣の周囲を守るバリヤが生じ、栄養とか薬が患部に行くのを妨げてしまい、いくら栄養をとっても、薬を飲んでも、患部へ届かなくなる。そこに、この神経波磁力線をかけると、約8時間ほど、そのバリヤがなくなり、栄養が届くことになり、細胞が若返り、病気が回復していく」

政木先生が神経波磁力線をつくったとき、インスピレーションで「この超強力な神経波形の磁力線が細胞にあたると、細胞の中の水、H_2Oがマイナスとなる。そのために、細胞の中の水が栄養を吸収するので細胞が若返り、病気が回復する」と漠然と教えられたそうです。この一瞬のひらめきと、O先生の話は全く同じことだったのです。そこで政木先生は、超強力神経波磁力線の効果を改めて納得されたのでした。

N和尚と神経波磁力線発生器の製品化

政木先生によると、著書の中にたびたび登場するN和尚の健康回復も、神経波磁力線発生器の製品化のきっかけになったようです。
その経緯について、政木先生は次のように語っておられます。

私（政木）の知人にすばらしい大和尚がいるのですが、「地球は生きているので私のいうことをよう聞いてくれます」といつもおっしゃっています。いまから何年か前ですが、私はそのころ毎月1回精神統一して、大地震がいつ東京に起きるかずっと調べていたのです。

その年の7月1日のことですが、7月3日に東京に大地震か起きて新宿が全滅するとわかったのです。ところがその大和尚が、それを知っていて、自分の全エネルギーを地震を抑えるために東京に注入したために、地震はしばらく起きなくなった。その代わりにその大和尚がもうだめになってしまうという「信号」がきました。そこで和尚のためにこの「神経波磁力線発生器」をつくっておいたのです。

そして政木先生は、「神経波磁力線発生器」を難病に苦しむN和尚のところへもっていきました。そして、テーブルの上において スイッチを入れました。すると和尚はこうおっしゃいました。

「今ここから出る信号は私が1カ月間お食事もしないで朝から晩までお経を上げ続けていると最後の日に感じる信号です。いいものができましたね」

この機械によってその難病がいつのまにか治ってしまい、N和尚は2週間で完全に健康を取り戻すことができたのです。

このように、超強力神経波磁力線発生器は、超科学的な〝不思議〟と最新の科学がミックスした実に政木先生らしい製品なのです。

政木先生が、お勧めする健康法

政木先生は、超強力神経波磁力線発生器と併用すると効果がある健康法として

飲尿療法が一番いいと思います。自分のおしっこが何にも勝る万能の薬なのです。若返りの効果もあります。飲尿療法については、中尾良一さん（中尾内科医院院長、ＭＣＬ研究所会長）の書かれた本を読まれるといいのではないでしょうか。中尾さんは、尿を飲んだ人だけが助かったという軍医時代の体験から、尿療法の有効性に気づかれた方です。

それと人工でなく自然のものからできたいい薬を飲まれるのがいいと思います。そういった面からも、プロポリスなど地球上に昔からあったものをそのまま飲むべきです。人工的な薬品は、一時的な効果があっても、後から必ず害があります。

また、最近はやりの水については、どんなものを飲めばいいのか。政木先生は以下のように考えておられます。

水について神経を使う人が多いですが、あまり気にしすぎると逆効果ではないでしょうか。人間の体は心によって支配されますから、体に悪いという強迫観念を持って飲むと本当に体に変調を来しかねません。いいと思って飲めば何を飲んでもいいし、逆に悪いと思えば何を飲んでも体に悪い結果になるのです。

ですから水道水が体に悪いと気になるんだったら飲まない方がいいでしょう。ミネラルウォーターでも何でも、自分がいいと思うものを飲めばいいのではないでしょうか。

同時に、気をつけるべきものとして政木先生は、化学塩とタバコの害についておっしゃっています。

専売公社の塩（化学塩）は絶対いけません。NaCl（塩化ナトリウム）だけの塩を摂ると、Na（ナトリウム）により血圧が上がります。しかし本当の自然塩には、にがりの中にMg（マグネシウム）が入っているので血圧が上がったりしません。にがりの入った天然の塩を食べるべきです。

私も5年ほど前に血圧が高かったのですが、医者が塩分摂取を止めるのも聞かず、自然塩を毎日10グラムずつ取りました。すると「絶対血圧が上がりますよ」という医者の言葉と逆に血圧が下がりました。化学塩ではない自然塩は、たくさん摂取しても害はなく、「健康にいいと思います。ちなみに私は、古い友人が四国で経営している「伯方（はかた）の塩」を飲んでいます。

それと、タバコはいけません。10本以下はほとんど害がありませんが、10〜20本吸うと、寿命を5％縮めます。50本以上吸うと2倍寿命が短くなります。タバコの煙により、赤血球に一酸化炭素が付いて、新しい空気を吸っても血液が酸素を吸収しなくなるのです。結果、血液が体を回っても、酸素が行き渡らず、肝臓、心臓などがどんどん悪くなるのです。

それでも、タバコは一度吸い出すとニコチン中毒で一生吸わざるをえません。止めようとすることもストレスになって寿命を縮めかねません。とにかく初めから喫煙しないことです。

また、健康法として政木先生は「歩くこと」を特に勧めておられます。

人間は本来、自動車などに乗らず歩くのが自然なのです。私は万歩計を付け、毎日2万歩以上、平均で2万5000歩歩くようにしています。本当に足が丈夫になって姿勢がよくなります。しかも足裏に体全体のツボがあるわけですが、それを刺激するので体の調子がよくなります。足の裏を使うことが内臓も丈夫にします。

それと私はご馳走をおいしいと思って何でもいただきます。80歳を超えた今でも食事制限なんてしていません。その代わり、そのエネルギーを消費するように歩くわけです。医者の言うように食事制限したりするのは、老衰への道だと思います。うんと食べて、うんと歩くことです。

飲尿療法以外は、いずれも80歳を超えた政木先生が実際に実践しておられる健康法ばかりです。超強力神経波磁力線発生器と併用して実践されてみてはいかがでしょうか。

一家に1台の時代

1993年に、超強力神経波磁力線発生器がテスト販売されてから、3年がたちました。家電販売店などでの一般市販はされてないにもかかわらず、口コミなどで超強力神経波磁力線発生器は急速に普及しています。すでに3万台以上が出荷されました（1997年4月現在）。

（中略）

そして現在では、超強力神経波磁力線発生器を購入され、治療に取り入れられている病院や医院、治療院も多く見られるようになりました。また、お客様のプライバシー保護のため実名は挙げられませんが、多くの著名な方々の間にも愛用者が増えています。

こんな中、発明者の政木先生は使用者の方々に次のようなメッセージを発信されています（原文のママ）。

最近、発明者政木の人間ドックにより判明したことがあります。5年前よりも心臓が若返ったことを院長様から知らされました。神経波磁力線の発明に自分が試用しました結果、自分の心臓が5年前よりも若返りました。一家に1台、健康用具として健康な人が使用することも望ましいことだと思うようになりました。神経波磁力線によって80歳の私が100メーターの全力疾走でも胸のドウキはほとんどありません。

病気を回復するためにもよいが、健康な人々がこれを使うことによって肉体の若返りに大きな意義があるのではないかと思います。

政木和三

政木先生からのメッセージ

私利私欲に走らず〝無欲の想念〟で、自然の真理と愛情から数々の〝人類を救う商品〟を生み出してきた政木博士。中でも最高傑作といわれる超強力神経波磁力線発生器は、まさに〝究極の健康器具〟であるようです。

超強力神経波磁力線発生器について、使う前から、ああだこうだと心配する人がいますが、信じる人だけが使われた方がいいと思います。悪い方に思っていると、効果のあるものも逆の結果になります。心配が先に立つ人は、最初から使われない方がいいわけです。

電磁波障害を気にする人もいますが、神経波と電磁波とはまったく関係ありません。電磁波というのは事典などをひけばわかるように、1秒間に1万回以上波（振幅）があるものです。1万回も来るから害があるわけです。しかし、神経波は1秒間に3～5回しか波が来ません。体の中にあるものと同じで、まったく害がありません。

それでも、気になるという人は、繰り返すように、精神面にマイナスですから使われない方がいいと思います。悪い方に考えると本当に体も悪くなります。子宮筋腫が10分の1になった人に、医者が「10分の1は間違いで、本当は2分の1です」と言ったら、1週間後に本当に2分の1に戻った人がいました。

病気とは自分で気を病むことです。ですから、こんなものはどうかな、と気にかかる人は絶対使わない方がいいでしょう。

先日、日本全国で80カ所も病院をやっている人から連絡がありました。超強力神経波磁力線発生器を病院で使っているそうです。その人がおっしゃるには「これが日本に普及することにより、健康保険が20兆円以上節約できる」ということでした。北海道のある方も、これからは一家に1台必要となり、1000万台以上普及すると言っておられました。

このように、効果を信じられる方だけが使われた方がいいと思います。そういう方に対して超強力神経波磁力線発生器は、病気回復のみならず健康増進の面で驚くほどの効果をもたらすのです。

*文中、病気に関する表現がございますが、当時の政木博士の資料として抜粋いたしました（編集部）

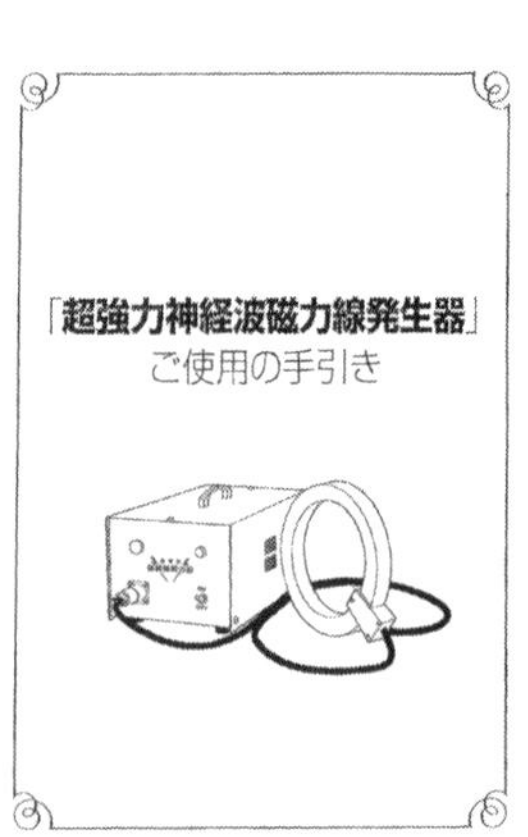

巻末資料4　ワンニャン感想集・ペットちゃん特集（2022年10月版）

＊「セルパワー」は、健康機器（非医療機器）です。医療機器ではありません。

1．オシッコが出るようになりました。　M・Kさん（50代・女性・神奈川）

●ご使用の目的：愛犬の元気を取り戻し、健康寿命の維持。

●ご使用前とご使用後の変化：食欲もなく尿も便も出なくなり動けなくなってしまいましたが祈りと共にセルパワーを毎日当てました。10日間でBUN（尿素窒素）176・9から131・5、Cre（クレアチニン）3・84から3・6、IP（無機リン（腎機能））16・3から15・0、CRP（炎症の検査）2・3から1・0と数値も下がり始めると共に食欲が出てきて尿も便も出るようになり動けるようになりました。もうすぐ16歳、老犬ですが、食、排便、散歩などが当たり前のよう……辛い思いや不自由を感じることなく穏やかにそのときが来るまで元気に過ごせるよう毎日願っております。

●ご使用状況、回数／日、時間：急性期は毎日30分を3回　回復期は毎日10分を3回
慢性期は1日1、2回／10分くらい

2．モノは試しで……。　M・Kさん（50代・女性・大阪）

●ご使用の目的：乳腺腫瘍のケアになればと。
●ご使用前とご使用後の変化：2週間ほど前にうちのワンちゃんに乳腺腫瘍が見つかり、かかりつけの獣医に手術をすすめられた。腫瘍発見後、ものは試しで、セルパワーを毎日使って11日目!!　第一発見者に腫瘍の確認してもらうと、なんと!!　腫瘍が小さくなって今では探さないとわからないぐらいの大きさになってました。

3．愛犬が歩けるようになりました。　K・Kさん（60代・女性）

●ご使用の目的：家族のため（1台あれば全員が使えると思いました）。
●成果・効果等：わが家の愛犬が15歳ですが（ボーダーコリーとダルメシアンミック

ス）昨年歩けなくなりました。初めてのことでびっくりしました。晩2回ぐらいですが、使用しましたら、翌日少し歩けるようになり、毎日2回くらい、朝、夕使用しましたら、1週間くらいでよくなりました（でも、今は年なのと、脂肪肝みたいなのが足にできて階段が登れなくなりました）。

●ご使用状況、回数／日、時間：2回／日　1週間に4回

4．ペットの腫瘍が改善しました。　Y・Yさん（50代・女性・兵庫）

●ご使用の目的：ペットの喉の腫瘍に。

●ご使用前とご使用後の変化また変化までの期間：ペット（犬）の喉に腫瘍があり、辛そうだったので、私がリングを支えながら当ててました。1週間ほどしたら、首の皮脂腺から、かさぶたのようなものが大量に出てきました。

●ご使用状況、回数／日、時間：3、4回／日

5. ケンネルコフがよくなりました。　T・Sさん（50代・女性）

●ご使用の目的：昔の商品を15年程前から知っており興味がありましたが、そのとき躊躇（ちゅうちょ）したことを後悔していたのでネットで見つけたときは即購入しました。

●ご使用前とご使用後の変化、また変化までの期間：3カ月の子犬に使用。買ってすぐ変な咳を繰り返すので調べたらケンネルコフのようで病院には行かず、磁気を数分間、胴体特に、胃腸あたりに当て3日目には完全に完治していました。

●ご使用状況、回数／日、時間：1回／1日　時間60分

6. 愛犬の腫瘍が消えました。　T・Kさん（60代・男性）

●ご使用の目的：政木和三先生の本を読んで興味を持ちました。

●成果・効果等：何より驚いたのはペット（マルチーズ）のお腹の腫瘍が1カ月ほどで消えたことです。

●ご使用状況、回数／日、時間：2、3回／日　使用時間1、2時間／日

7．余命宣告の愛犬が一時回復しました。　T・Kさん（60代・男性・京都）

●ご使用の目的：愛犬の延命の為と家族の健康のため

●ご使用前とご使用後の変化：13歳になり獣医さんから毎日点滴を打たないと命が持たないと告げられました。「セルパワー」を当てたところ一時は飛び跳ねるまでに回復しましたが天命により旅立ちました。

8．シニアの猫の尿がきれいになりました。　M・Kさん（50代・女性・東京）

●成果・効果等：ペットのネコ。飼っているネコは13歳になり人間で言えば高齢です。膀胱に問題があり、療養食しか食べられなくなりました。先日の定期的な尿検査で血尿が見られ数値が上がっているとのことでした（私が見ても赤く、にごりもありました）。2週間後にもう一度尿検査をし、その診断で療養食を強いタイプに切り替えるか、薬も必要になるかもしれないと言われました。このネコは私が磁力線を当てているとゴロゴロいいながら近くに来るのでこれから毎日当ててみようと思い、次の検査まで1日1、2回、時間は15分程度お腹やお尻のあたりに当ててみました。採尿日に取った尿は透きとおったきれいなレモン色で、診断結果も全く問題なく同じ食事を続けることになりました。

●ご使用状況、回数／日、時間：1日1、2回、時間は15分程度

9. 遺伝病やシニア期のケアに。

A・Tさん（40代・女性・兵庫）

●ご使用の目的：遺伝病を持つ老犬の、シニア期の過ごしかたを穏やかにするため。

●ご使用前とご使用後の変化：とても安定して過ごせました。

●成果・効果：腎臓のクレアチニンの値が下がりました。遺伝病（ファンコーニ症候群）が悪化せず、使ってよかったと実感があります。治療のためとは言え病院に行くことすら、老犬にとっては負担になってしまうことになり、いずれ、思い通りのケアが難しくなるだろう……という心配を持っていた矢先に、「セルパワー」を知

りました。いろいろと手を尽くしてきた直感から、これが1台家にあれば心配は軽減されるのでは……と購入させていただきましたが、老年期に、毎日できる安全なケアとして取り入れることができました（参考：クレアチニン値3・2↓1・8↓1・5）。

●ご使用状況、回数／日、時間：タイミングあればいつでも　1日何度でも、連続使用も有

10. 電柱にぶつからなくなりました。

●ご使用の目的：家族の健康のため（わが家では、1人1台ずつ（計5台の）「セルパワー」を利用しています）。

●ご使用前とご使用後の変化　愛犬（ビション・フリーゼ）が13歳を過ぎたあたりから、夕暮れ近い夕方の散歩時、暗がりの電柱にぶつかるようになりました。獣医に見せたところ、白内障が出ており、歳なので仕方ないとのことで、当方も半分諦め

ていました。しかし、試しに「セルパワー」を愛犬の鼻に入れて、リングが目に当たるようにしてあげたところ、黙って嫌がらずにされるままにしていました。そこで、愛犬が寝るときに、顔の下に置いてあげたところ、気持ちよさそうに、熟睡してしまいました。3日目あたりから、夕方の散歩では電柱にぶつからなくなり、1週間目くらいからは、明らかに若いころの（遠くから電柱を認識している）歩き方に戻りました。おかげで、16歳で死亡するまで、電柱にぶつかることなく、夕方の散歩ができました。

●成果・効果等：「セルパワー」を使用して視力が戻ったのか、物へぶつかりがなくなりました。

●ご使用状況、回数／日、時間：1週間ほどの間、寝るときに1日30分

11. 愛犬の床ずれがよくなりました。 K・Aさん（50代・男性・広島）

●ご使用の目的：愛犬の床ずれ改善のため。

●成果・効果等：わが家の愛犬（15歳）が半年前から酷い床ずれでしたが、一昨日より寝ている間に4時間くらい当てたところ、目に見えて改善してきました。家内もびっくり＆喜んでいます。ありがとうございます。

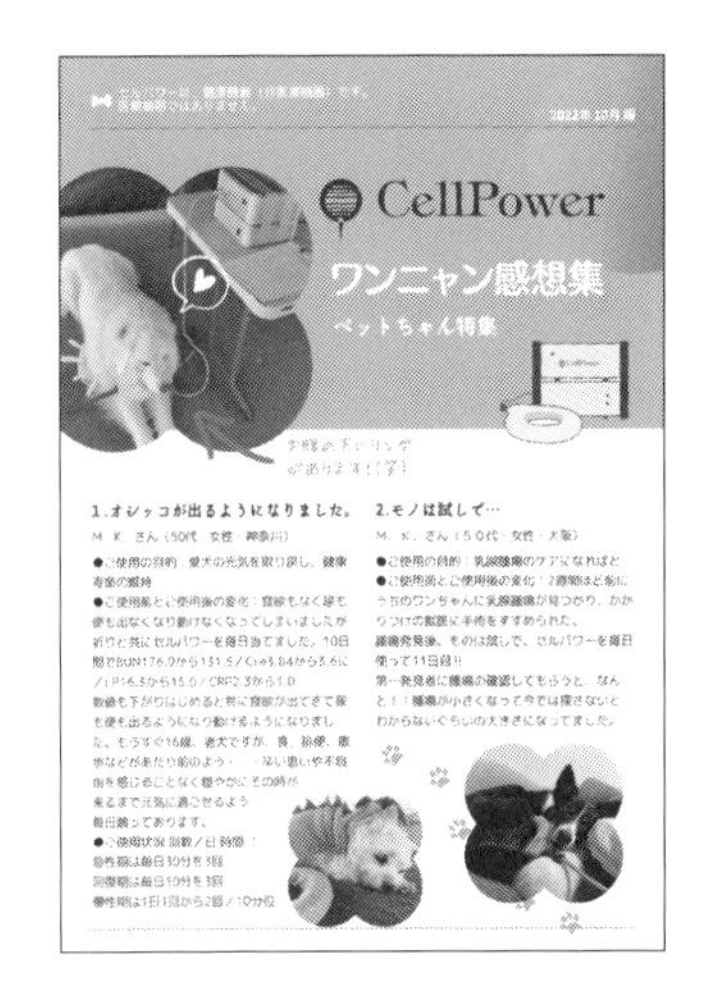

巻末資料5

「2型糖尿病モデルマウスに対する健康機器セルパワーの磁力照射が与える耐糖能改善の検討」より「要約」の項を抜粋

磁力発生装置セルパワーによる磁力照射2カ月間では、体重、血糖値及びインスリン濃度に改善を示す効果は確認できなかったが、脂肪肝の重量を下げる可能性が示唆され、照射強度や照射期間を検討することにより、より高い効果が得られる可能性が考えられた。

（試験実施施設：株式会社新薬リサーチセンター 神戸研究部）

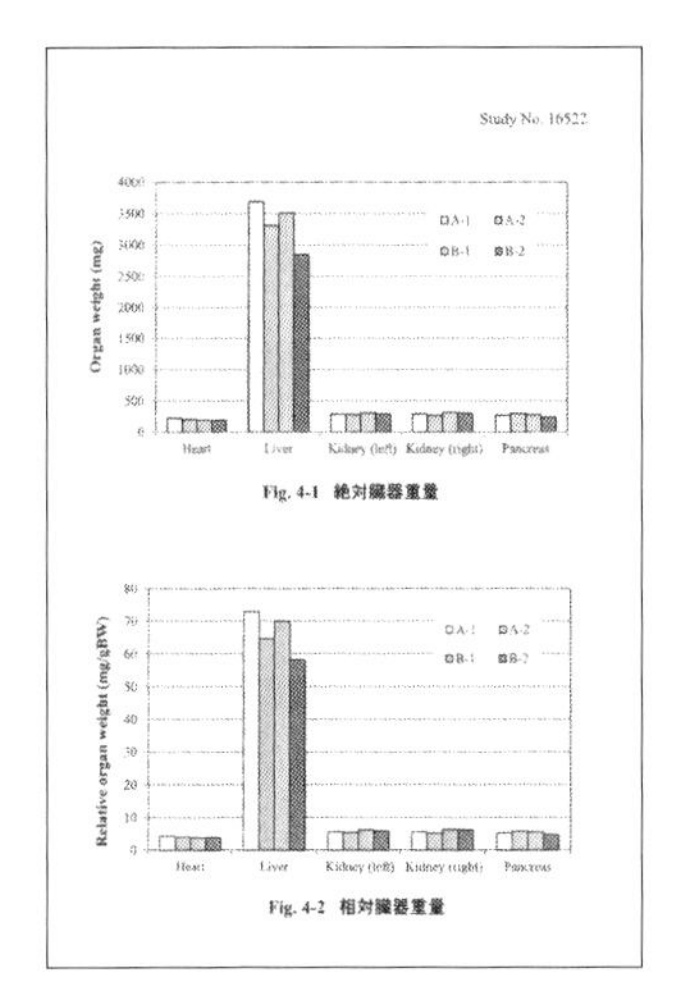

Fig. 4-1 絶対臓器重量

Fig. 4-2 相対臓器重量

Study No. 16522

最終報告書

2型糖尿病モデルマウスに対する
健康機器セルパワーの磁力照射が与える耐糖能改善の検討

2016年8月9日

NDRC

1

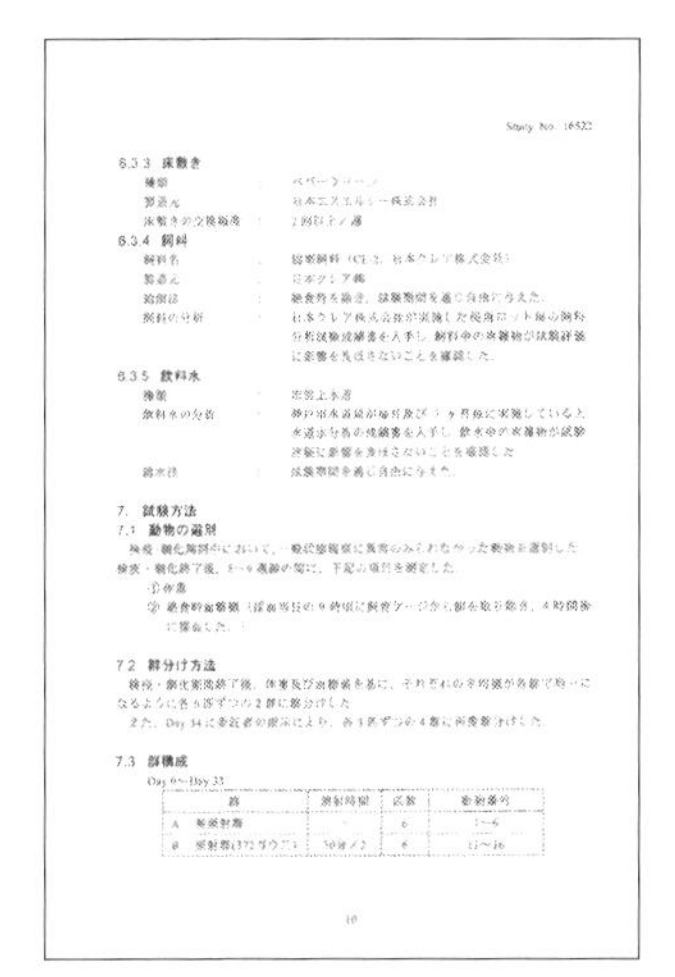
Study No. 16522

6.3.3 床敷き

種類 ： [illegible]
購入元 ： [illegible]
床敷きの交換頻度 ： [illegible]

6.3.4 飼料

飼料名 ： 固形飼料（CE-2, 日本クレア株式会社）
購入元 ： 日本クレア(株)
給餌法 ： 絶食時を除き、試験期間を通じ自由に与えた。
飼料の分析 ： [illegible]

6.3.5 飲料水

種類 ： [illegible]
飲料水の分析 ： [illegible]
給水法 ： 試験期間を通じ自由に与えた。

7. 試験方法

7.1 動物の選別

[illegible]

7.2 群分け方法

[illegible]

7.3 群構成

Day 6～Day 33

群	照射時間	匹数	動物番号
A 無照射群	-	6	1～6
B [illegible]	30分×2	6	[illegible]

10

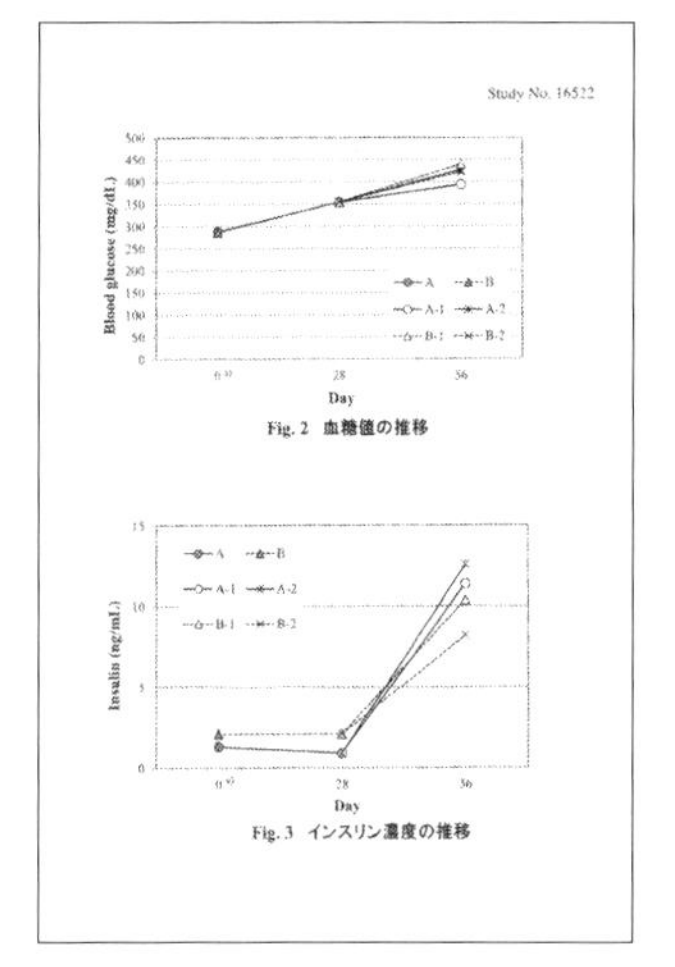

Fig. 2 血糖値の推移

Fig. 3 インスリン濃度の推移

巻末資料6
「パルス性磁気照射の関節痛に対する効果の検討」（日本医学看護学教育学会誌、27－L16　2018）より「結語」の項を抜粋

パルス性磁気発生装置：セルパワー®は、2週間の継続使用では、成人の生理的指標（腋窩体温、照射部位皮膚温、脈拍数、血圧）に悪影響を及ぼすことなく安全に使用できること、関節可動域の改善効果はなかったが、関節痛の有意な軽減効果が証明された。今後は、対象者数増加、照射期間、照射部位、中等症以上の関節症を合併している者（高齢者を含む）を対象としたさらなる検証が必要と思われる。

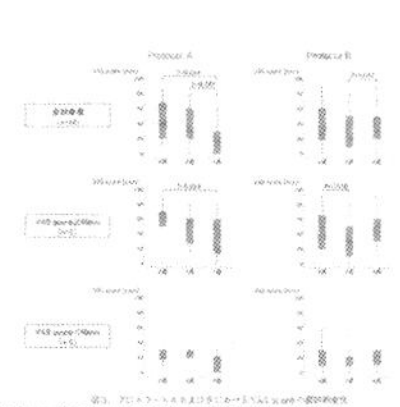

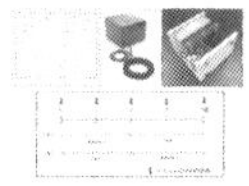

巻末資料7　政木和三博士のお話

私は若いころから電気工学、航空工学等の工学部や医学部で研究してきました。インスピレーションが働きさまざまな発明をしてきましたが、それらが、何であり、どのように具現化してきたかは、今まで多方面で学んだ知識があったからだと思います。体にとってよい品物の図面が頭に浮かんだとします。それを医学的に評価できても電気工学の知識がなければ理解し読み取ることができなかったはずです。

若いころから多方面の知識を得ることが大切です。人生修養を積み、和やかな人間性を持ち、他の人々のために何かをしようとしたとき、その知識が必要となりものをいうのです。ですからいろいろ興味を持ち、学んでください。

お金を儲けようとしても、己の器が小さければ溢れ出てしまいます。自らを大きくしていけばそれに応じて自然に入ってくるものなのです。

人間生きている間は生命体の修行期間です。修行とは、他人に喜びを与えることです。そして社会のためにつくすことです。

●パラメモリーもインスピレーションの産物ですね

原理は昭和15年に思いつき試作しました。完全には7年前に発明しまして、とても暑い日の実験中に、涼しくなってきました。「心頭滅却すれば火もまた涼し」の境地ですね。そして、数日後に有名な女優さんが来て、本を読むと覚えられたので「これはセリフを覚えるのにとてもよい」と言われました。

4年前にある医大の学生がパラメモリーを使って勉強して国家試験に合格しました。それがきっかけで、その医大で1年半にわたる実験を行い、右脳の信号が左脳に移り記憶できることが判明したため、今回発売されることになったのです。最近では「気楽に読んだ六法全書が2週間で全部覚えられた」「成績が70番から7番に上がった」

「病気が治った」というような報告がたくさんあります。

パラメモリーを使うときはあまり一生懸命にしないことです。理屈を考えず、気軽に使ってください。本を読みますと自然に頭に入ります。このように、学習など集中力が必要なときに威力を発揮しますが、脳波がアルファ波～シータ波となるためリラックスするなどの精神の安定にも役立っています。

現代は科学一辺倒になり過ぎて肉眼で見られるもの、耳で聞こえるもの、触覚で感ずるものを現実とし、物質文明に明け暮れて自らの環境を悪化させ、そして多くのストレスを抱える結果となっています。

精神が不安定で利己的になれば、眼前の欲望だけによって行動し、多くの人々に不幸をもたらします。主義・主張もよいでしょうが、それは正しいものでなければなりません。人に喜びを与えたとき、自分の心に最高の幸せが無限に湧き出すことでしょう。

●不思議なご体験が多いですね

今、私は77歳です。昔から神や仏の存在を全く信じませんでした。エレクトロニクスと神経系に関する実験、研究を長年行い、科学で立証されるもののみが真実だと思っていました。それが、60歳頃から変わり始めたのです。逆に言えば60歳まで、今のような考えは全くなかったのです。

それが私の周りにさまざまな出来事が頻繁に起こり始めました。厳密に言えば以前からもあったのですが、科学的でないために受け入れようとはせずに打ち消していたのです。とても普通では考えられない内容だからです。

有り得ないことなので科学的分析を試みました。それらは事実起こった現象だということを確信を持って行ったのです。例えば、金属を念力で曲げる実験を、電気抵抗線ひずみ計を用いて数十回も行い、その実験記録を確実に残しました。（曲がったス

プーンや金属棒がたくさん保管されています)

このような事実があっても、それを否定する人がいます。しかし事実は理論よりも仮説よりも絶対的なものです。不明なことを科学的に考え、未知の事実を究明することが必要なことではないでしょうか。そう思い、私は周囲の反対を押し切ってこの研究を続行し、その真理を見出そうとしましたが、とうてい手に負えるものではないとわかりました。それは物質的エネルギー以外の精神エネルギーを考えなければならないからです。

●どんな不思議なことがありましたか

現代科学では常識外の事件が私の身の回りに次々と起きています。果物や私自身の口から真珠が発生したり、空中から仏像が発生したりするのです。不思議だとしか思えなかった私は、ある日、信ずることにしました。自分の眼前ではっきり起こっている事実、この事実を否定することはできません。

また、私はある日、インスピレーションによって人間性を測定できる磁石の振り子を作り出しました。そして、人間には肉体と生命体が同居しているのを知りました。これによって5万人程測定してきました。自己の欲望をなくし無心の状態で測定すれば、正確な結果が得られるのです。

今は使用しなくてもわかりますが、合っているかの確認のために使います。この測定は、自分自身の人間性や運命もわかります。そして運命も心の持ち方によって変わることがわかりました。人間は目前の欲望を捨て、過去完了形で思うことによって大きなエネルギーを発生させることができるのです。

人間の生命体は肉体を借りて現世に存在してます。肉体が衰え死亡しても生命体は未来の次の生命体に宿るものと考えます。肉体に宿るとき、いわば現世に存在しているときいかに精神修養をするかが大切です。修養とは、滝にうたれたり、断食をしたりではなく「人のためになることをする」ことです。

「私はこんなに大変な修行をした」と言われる方がおられますが、それは単なる自己満足に過ぎないのではないでしょうか。また深刻な問題を抱えて、その解決方法として他の力にすがる光景を見かけますが、これも違うように思えます。私は神のこのような声を聞いたことがあります。「神、人を救うためにあらず。汝（なんじ）を救う神は汝自身の中に在り」というような内容でした。人のためになることをし、その行いに喜びを感じる。それが自分自身を磨くということではないでしょうか。

『心を科学する雑誌　アルファサイエンス』（1992年9月30日、VOL9、No.3、能力開発研究所）より

CLOSE-UP

●●本当にたくさん発明されましたね

パラメモリー発明者
政木和三 工学博士

佐々木耕司　ささき こうじ
1989年、京都大学工学部冶金学科卒業後、情報通信機器関連のベンチャー企業、エグゼネットワークサービスを起業。
91年、有限会社京都ワークスとして法人化。96年、株式会社ジェイデータに組織変更。携帯電話におけるインターネット接続サービスなどを開発。
2014年、株式会社セルパワー設立。祖父も発明家だったことから、30代の頃に、政木和三博士の発明と人となりに興味をもち、博士の講演を聞きに行ったことから、健康機器『セルパワー』と脳波低下誘導装置『シンプル瞑想』開発に至る。

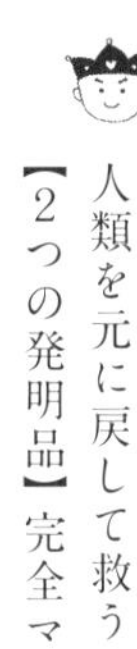

人類を元に戻して救う
【2つの発明品】完全マニュアル

第一刷　2023年2月28日

著者　佐々木耕司

発行人　石井健資
発行所　株式会社ヒカルランド
〒162-0821 東京都新宿区津久戸町3-11 TH1ビル6F
電話 03-6265-0852 ファックス 03-6265-0853
http://www.hikaruland.co.jp info@hikaruland.co.jp
振替　00180-8-496587
本文・カバー・製本　中央精版印刷株式会社
DTP　株式会社キャップス
編集担当　小暮周吾

ISBN978-4-86742-173-4

マッサージでは届かない
体の奥に磁力でアプローチ

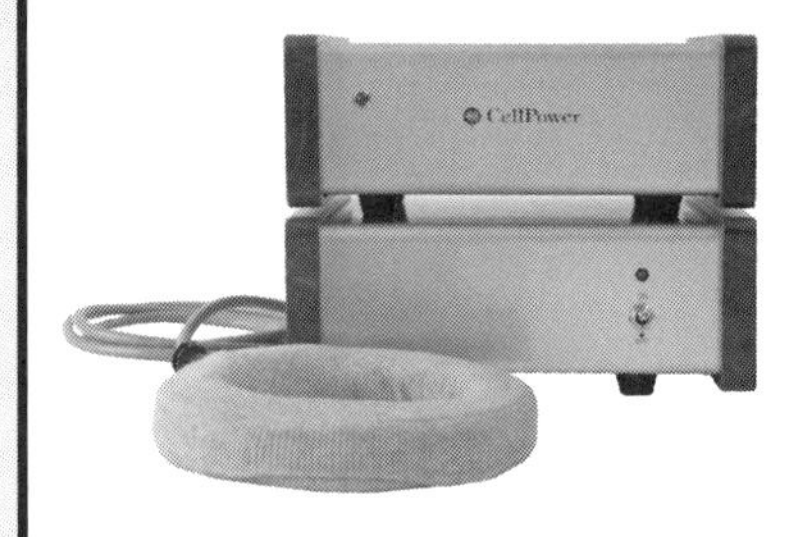

セルパワー α CP-06
本体（リング付き）セット

396,000円（税込）

使い方は簡単。気になる部位などに『セルパワー』を当てるだけです。スイッチを入れると、『セルパワー』のリング部分から強い特別な磁力が発生しますので、当てようと思う部分の上に30分ほど近付けるだけです。磁力は、リングの周囲が最も強くなります。1日で、全ての部位には当てられないので、毎日当てる場所を変え、数日で満遍なく当てるようにします。特に気になる部分には集中的に当てます。セルパワーは、30分使用するとタイマーでスイッチが切れます。リングが暖かくなりますので、引き続き使う場合は、5分～10分程度時間をおいてから使用して下さい。

サイズ：高さ210㎜×幅290㎜×奥行き220㎜　重量：約8kg　コイル：約2kg　ケーブルの長さ：本体～コイルのケーブル長：約1.9m　消費電力：30W

＊心臓にペースメーカーを使っている方、体内に磁石にくっつく金属が入っている方、乳幼児は使用できません。磁石にくっつく金属とは、鉄などの強磁性体の金属のことです。金歯やチタンなど磁石にくっつかない金属（MRI検査が大丈夫なもの）は問題ありません。
＊妊娠初期の不安定期または出産直後の方は、使用前にかかり付けの医師にご相談下さい。
＊本製品は健康機器です。

ヒカルランドパーク取扱い商品に関するお問い合わせ等は
メール：info@hikarulandpark.jp　URL：https://www.hikaruland.co.jp/
03-5225-2671（平日11-17時）

＊ご案内の価格、その他情報は発行日時点のものとなります。